유식삼십송 해설

유식삼십송 해설

이만 지음

唯識三十頌 解說

머리말

고려시대의 대각국사 義天도 이『유식삼십송』의 주석서인『성유식론』에 관한 해설을 하였는데, 그것이 바로『刊定成唯識論單科』이다. 그 본문은 일실되어서 전해지지 않고 있지만, 다행히 그 序文만은 전해지고 있다. 거기에 보면,『起信論』과『成唯識論』의 두 논장은 바로 法性宗과 法相宗의 추요라고 하므로, 학인들은 당연히 마음을 여기에 진력해야 한다는 것이다.

이러한 유식교학의 집성인『성유식론』에 관한 주석서는 우리나라의 신라시대에 그 전성기를 맞이하였다. 원효의 저작으로 추정되는『淸辨護法空有諍論』을 비롯하여, 玄奘의 수제자로서 중국에서 西明學派를 이끌었던 圓測과, 그[玄奘] 4인방 중의 한 분인 神昉과 順璟 등이 중국에서 이에 관한 천착과 저술활동을 왕성하게 전개했던 것이다. 국내에서는 憬興과 道證, 勝莊, 玄一, 悟眞, 義寂, 道倫, 太賢 및 백제의 義榮 등이 역시 저술활동 등을 했는데, 현재 이에 관한 주석서로서 온전하게 전해지는 것은 태현의『成唯識論學記』뿐이다.

그간 유식학에 관한 나름의 연구를 통해서 얻은 결과는 다음과 같다. 지금까지 알려지지 않았던 신라시대의 義濱과 玄隆의 유식사상에 관한 자료들을 정리하여 발표하였고, 백제 의영의 주석서인 『新舊評』(20卷)을 새롭게 발굴하여 그것에 관한 연구도 발표했다. 여기에서 놀라운 것은 이 주석서가 그 분량 등으로 보아서, 당시 중국불교계에서 논쟁거리가 되었던 현장의 신유식사상과 眞諦의 『攝大乘論』계통의 구유식사상과의 논쟁들을, 아주 상세하게 파악해서 논술했던 것으로 추정되는 것이다. 그렇다면 백제시대에 이러한 안목을 가진 학승이 있었다는 것은, 백제시대의 불교사상을 다시 한번 자세하게 연구할 필요가 있겠다고 생각된다.

나아가 현존하는 태현의 『학기』를 보면, 태현은 『成唯識論廣釋本母頌』도 저술했는데, 먼저 본모송으로서 100行을 짓고서 거기에 자세하게 주석한 것이 이 章疏인 것 같다. 이 『광석본모송』을 또한 『大乘心路章』, 『大乘一味章』 및 『法苑義林大乘心路章』 등으로도 불렀는데, 그 내용 중의 일부가 발견되었고, 특히 당시 중국의 西京의 慈悲寺의 希遠과 華嚴寺의 利見 등이 이에 관한 『大乘心路章聽記』를 썼다는 기록도 함께 알려지게 되었다. 말하자면, 태현의 『심로장』을 강설하는 것을 청강하고서, 이에 관한 『청기』를 쓴 것으로 보아서 태현의 저서들이 중국에도 전해졌으며, 그의 저술들이 많은 사람들을 상대로 하는 사찰이나 강원 등에서 강설되었다는 것도 충분히 짐작할 수 있는 것이다.

그렇기 때문에 이러한 태현의 식견을 찬탄하여 중국의 大薦福寺의 道峰이 찬술한 『大賢法師義記序』에 보면, 태현을 500년 만에 한 번 출현한다는 현성으로 여기고, 岐路에서 방향을 잃었을 때에 指南을 보듯이 어로가 막혔을 때에는 태현의 저술을 보라고 했던 것이다. 더구나 이 도봉의 『의기』에 관하여 18세기 초에 일본의 宗覺 正直이 낱낱이 주해를 하고 있는 것으로 보아, 태현은 이미 불교학계의 국제적인 인물로 평가를 받았던 것이 확실하다고 하겠다.

원효의 『十門和諍論』에 보면, (假)有를 배척하고 空 사상만을 주장하는 것은 마치 나무를 버리고서 숲속을 달리는 것과 같다고 했다. 어불성설이라는 말이다. 간혹 불교학에 편견을 가지고서 假有로 표방되는 유식사상을 등한시하고, 空宗만을 내세운다면, 마치 쥐가 직직(喞喞; 卽)하고, 새가 구구(呴呴; 空)하는 것과 같은 이치이다. 말하자면, 相卽의 이치를 잘 모르고서 말로만 직직하거나 空寂함의 논리를 제멋대로 해석하여 모든 것은 공공하다는, 鼠喞鳥空의 희론에 빠지는 것이나 마찬가지인 것이다. 모두가 부처님의 말씀에 근거한 내용이기 때문에 거기에는 深淺의 깊이가 있을 수 없는 一味의 세계이다. 지혜가 하나이듯이 그 큰 근본도 하나인 것이다.

몇 년 전에 씨아이알 출판사를 통해서 『성유식론 주해』를 출간하여, 공교롭게도 대한민국 학술원이 선정하는 우수 학술도서상을 받았다. 한참 출판에 어려움을 느끼고 있던 무렵에, 김성배 사장님의 덕택으로 간행된 것이어서 더욱 그 감회가 새로웠음을 지금도 잊을 수가 없다. 학문하는 사람들이 열심히 천착해서 그 결과물과 같은 것이 나오면, 다소 쉽게 세상에 선보일 수 있는 불교계의 풍토가 정말 아쉬웠다.

그런데 이번에 또 이 책자를 씨아이알에서 출판하게 되어 감개무량하다. 이 책은 『성유식론』의 내용이 좀 난해하고 너무 방대하여 일반 불교인들이 쉽게 접할 수 없음을 예견하고, 그 중요한 내용만을 쉽고 간략하게 정리한 나름의 결과물이다. 아무쪼록 널리 읽혀서 그 덕행과 수고에 보답했으면 참 좋겠다. 부처님 전에 간절히 기원한다.

2025. 4. 15

신갈동 寓居에서

차 례

머리말 ··· v

제1장 유식교학의 성립 ································· 1
  1. 현장의 구법 ··· 3
  2. 유식교학의 성립 ······································ 6

제2장 유식삼십송 ··· 11
  1. 서 분 ··· 22
  2. 정종분 ·· 24
    1) 유위법 ·· 24
    2) 무위법 ·· 105
    3) 수행론 ·· 113
  3. 유통분 ·· 133

제3장 유식교학의 중국적 전개 ················ 135
  1. 지론종의 심식론 ··································· 141
  2. 섭론종의 심식론 ··································· 145
  3. 법상종의 심식론 ··································· 150

註 ··· 156
參考文獻 ·· 169

제1장

유식교학의 성립

제1장
유식교학의 성립

1. 현장의 구법

　　인도에서 대승불교가 흥기하게 된 원인을 살펴보면, 그 초기에는 방편교인 소승불교의 실유사상을 타파하여 부처님의 근본교의인 空사상으로 돌아가자는 의도에서, 불멸 후 600년경에 龍樹와 그의 제자인 提婆가 주창하였던 시대였다. 그렇지만 그 논리가 일견 부정적인 논법 — 여기서 부정이란 대전제인 긍정에 이르기 위한 논리 — 을 전개하고 있었기 때문에, 일반 불교인들은 쉽게 그 교의에 접근하지 못했다. 더구나 기존의 허무적인 개념과도 일부 상통하는 의미로 수용되는 경향도 있었다.

　　이러한 교계의 분위기를 인식하고서 보다 긍정적인 논리로 부처님의 말씀을 전개하고자 시도했던 중기의 유식사상은, 그 교의가 중국인들의 심성과도 부합되는 것이어서, 적극적인 학습활동의 일환으로 많은 구법승들이 인도로 유학을 갔던 것이다.

玄奘(600~664)도 이러한 중국불교계의 학풍에 편승하여, 직접 대승불교의 발원지인 인도로 유학해서, 그곳의 불교적인 유물과 학풍을 교습 받고자 하는 열망과 함께, 특히 유식사상의 성립자인 無着(310~390)과 世親(320~420)의 명성이 중국에도 널리 알려져 있었기 때문에, 그들의 자취를 답사할 것을 염두에 두고 있었다.

나아가 5세기경부터 인도를 다녀온 많은 구법승들이, 불교관계의 자료들을 가지고 와서 그것을 한역하는 가운데, 번역본에 나타난 언어적인 결함과 이본(異本)들 사이의 내용의 불일치를 발견하고, 이 문제를 해결하기 위하여 인도에 직접 갈 수밖에 없다는 결론도 내렸던 것이다. 또한 인도의 那爛陀寺의 護法에게서 학습했던, 인도 유식교학의 최후의 계승자였던 戒賢 논사로부터, 무착의 『유가사지론』 등을 배웠던 明友가, 당 태종의 원년(627)에 범어로 된 경전들을 가지고 오므로, 현장은 그에게서 계현에 관한 명성과 『유가사지론』에 관한 내용의 중요성을 깨닫고서 유학할 결심을 더욱 굳혔던 것이다.

현장은 정관 3년(629)에 중국을 출발하여, 인도의 여러 곳을 순방하고 나란타사에 636년에 도착하여, 당시 100세가 넘었던 계현 논사를 대면하였고, 마침내 『유가사지론』에 관한 학습을 받았다. 그런데 이 논장은 중국의 법상종에서 『해심밀경』과 함께 그 소의경전으로서는 중요하게 여기는 전적으로서, 『廣釋諸經論』이라고도 명칭하는 바와 같이, 많은 경론들의 중요한 내용들을 논술한 것이다. 그 사상은 瑜伽師들이 이론이 없는 실천수행인 요가(yoga)를 수행하여, 깨달음의 세계에 증입하려는 과정에서, 몸소 체득한 마음의 경지를 17지위로 자세하게 설명하고 있다.

현장은 이 『유가사지론』을 통해서, 당시 중국의 불교계에서 각종의 종파들이 주장하고 있던 이견들을 융화하고, 역경 상에서 논쟁되고 있던 문제점들을 해결할 수 있을 것으로 여겼다. 그가 귀국해서 역경을 시작한 첫 6년 동안(645~650)에는, 이 논장에 관련해서 해설되고 있던 학설들의 전적을 먼저 번역하였고, 16년간의 구법행각 끝(629~645)에 가져온 불교경전 520상자, 657부의 전적 중에서 손수 70여 부, 1,330여 권의 경전과 논장들을 역경하였다.

이러한 역경의 첫 마무리는 현장이 직접 천착했던 학업의 결과를 말해주는 것이기도 하지만, 이 역경사업은 그 무렵까지의 불교교의가 중국인들에게 다소 훈고학적인 개념과 함께, 일반인들에게는 쉽게 가까이 할 수 없는 내용으로 인식되었는데, 이러한 우려를 불식시키는 획기적인 계기를 마련해주었다. 아울러 많은 사람들에게 진리를 탐구하려는 인간의 노력이 얼마나 숭고한 것인가를 각인시켜주는 이정표로 자리를 잡게 되었던 것이다.

더구나 고종과 측천무후 등 역대 왕들의 불교 부흥정책과, 각종 역경서들의 방대한 유통으로 말미암아, 불교사상의 풍부한 어휘력과 우아한 儀式, 그리고 심오한 형이상학적인 사유세계가 중국인들의 독서계를 사로잡았기 때문에, 불교가 중국 사회에 깊은 뿌리를 내리는 새로운 국면을 맞이했던 것이다.

2. 유식교학의 성립

대승불교사상의 4가지 큰 학풍[四家大乘] 중에서 현상계의 제법들을 상세하게 분류하여, 이것들이 알음알이를 일으킨 중생들의 업력의 세계임을 깨닫게 하고자, 유가행을 통하여 유식의 실성인 진여의 세계로 증입하려는 유식사상은, 중관사상과 더불어 대승불교 교학의 2대 근본사조를 이루고 있다.

이러한 유식사상이 인도에서 성행하게 된 원인은, 소승불교의 교의인 업감연기설을 보완해 주고, 그 업력의 의지처를 상정하여 아뢰야식을 설정하면서 근본적인 토대를 만들었다. 그리고 전개방식이 긍정적이면서 건설적인 논법, 즉 일생에 선·악업을 지으면 그 기운이 보살 때까지 유전된다는, 윤리성을 강조하는 중도 지향적인 교학이다.

이렇게 유식사상이 논리성과 이론적인 우수성 및 그 실천덕목인 유가행까지도 함축[轉識得智]한 교학계의 최고의 학문이지만, 중국에서 이 학풍이 유행할 적에 그 실천인 유가행보다는, 학문적인 천착에만 진력했기 때문에 현학적으로 교의가 발전하였다. 그래서 이러한 내용이 유식사상의 근본교의인양 불교인들을 호도하였으므로, 오늘날에도 쉽게 이 분야에 접근할 수 없는 교학으로 남아 있는 것이다.

이러한 유식교학의 근본교의를 살펴보면, 초기의 대승 불교사상인 공사상에서 중생들의 미혹함과 깨달음의 주체 문제로서, 마음의 본질에 관한 논의가 활발하게 전개되었다. 마음은 깨달음의 세계를 낳은 원천이기도 하지만, 다른 한편으로는 미혹의 세계를 낳은 씨앗이 되기도 한다는 것이다. 이렇게 볼 때에 전자는 마음이 바로 부처라는 이상적인 측면을 고찰한 여래장설로 발전되었고, 후자는 마음에 관한 현실적인 분석에서 출발한 유식사상으로 발전하게 되었다.

인도의 유식사상은 彌勒(270~350)과 무착 그리고 세친 등의 뛰어난 안목과 노력에 의하여 성립되었으며, 그 중요한 전적으로는 『해심밀경』, 『대방광불화엄경』, 『능가경』 등 6경과 『유가사지론』, 『섭대승론』, 『십지경론』 등 11론이 거론되고 있다.

이러한 학승들의 저술내력을 보면, 미륵의 것으로는 『유가사지론』, 『대승장엄론』, 『분별유가론』 및 『변중변론』 등이 있고, 무착에게는 『섭대승론』, 『현양성교론』 및 『아비달마경론』 등이 있으며, 세친도 『유식삼십송』, 『유식이십론』, 『아비달마구사론』, 『섭대승론석』, 『대승오온론』 및 『십지경론』 등을 남겼다.

무착의 『섭대승론』에 의하면, 우리가 살고 있는 현상계를 성립시킨 그 성질에 따라서 3가지로 분류한 자성설과, 阿賴耶識에 관한 내용들을 서로 유기적으로 통합하여, 유식의 실성에 몰입하려는 실천수행, 즉 유가수행에 이론적인 뒷받침을 해주는 것과 동시에, 이들 사상들을 포함한 유식학설을 확립하여, 대승불교의 최고의 가르침을 완성하기에 이르렀고, 마침내 모든 불교교학의 근본토대를 이루었다는 것이다.

이러한 유식사상이 동생인 세친에게 계승되었으며, 세친은 심식에 관한 내용을 더욱 발전시켜서 유식교학을 완성하였다. 세친 이후의 유식교학의 부흥은 6~7세기 무렵에, 인도의 비하루주의 나란타사에 있던 대승원을 중심으로 왕성하게 연구되었고, 7세기경에 대승원에서 세친의 『유식삼십송』을 주석한 10대 논사 중의 한 사람이었던, 호법의 제자인 계현으로부터 직접 수학했던 당의 현장이 귀국하면서, 한층 그 연구가 중국불교의 교계에까지 고조되어서, 법상종이라는 한 종파를 형성하기에 이르렀다.

인도의 10대 논사들 중에서도 호법과 안혜 등의 유식교의에 관한 입장이 상이하여 항상 논쟁을 불러왔는데, 안혜 계통은 아뢰야식을 궁극적으로 부정하면서 진여와 같은 阿摩羅識을 세우고, 현상계의 인식에 있어서도 주관과 객관이 모두 허망하다는 境識俱泯說인 無相唯識論의 입장을 전개한다. 그러나 호법 계통은 아뢰야식을 가유의 심체로 간주하지만, 절대지를 얻어도 아뢰야식 자체는 소멸되는 것이 아니라고 하면서, 진여로부터 현상계가 전개된다는 것을 부정하는 이른바 眞如凝然說인 有相唯識論의 입장을 주장한다. 현장은 계현의 영향에 입어 호법계통의 사상만을 인정하여『성유식론』을 완성할 적에도 그대로 적용하여, 호법 계통의 주석만을 인정하고, 안혜 등 다른 논사들의 것은 폐기처분하였다. 즉, 그 내용을 보면,

> 10대 논사들이 각각 10권씩을 주석하여 만들었기 때문에 100권이 되었지만, 자은 규기는 그 요지들의 견해가 달라서 稟受자들이 의거할 수가 없다고 하므로, 이에 현장 스승께 요청해서 10권으로 合糅하여 완성하였다. 그러므로 내용의 많은 부분이 생략되었지만, 호법으로서 指南으로 삼았기 때문에 앞에 호법이라고 쓴 것이다.[1]

이렇게 세친의 유식사상의 핵심인『유식삼십송』에 관한 해설의 결정판인『성유식론』이 중국인들의 손으로 완성되었으며, 이것을 소의경전으로 현장의 제자인 규기가 법상종을 개립함에 따라서, 중국불교계에서 이에 관심과 연구가 한층 고조되어, 불교교의가 새

롭게 주목받는 계기가 되었다. 그 결과로 호법과 陳那 및 無性 등의 有形象 유식론의 학풍이, 오늘날의 유식교학의 모든 이론을 대변하는 자리에 놓였지만, 安慧와 德慧 및 眞諦 등의 無形象 유식론의 교의는 다른 주석서에서 간혹 산견되지만, 그 전체적인 내용을 가늠할 수 있는 주해 등은 찾아 볼 수가 없어서 매우 안타까운 현실이 되었다.

    이와 같이 마음의 현실적인 심리활동과 그 작용들을 상세하게 고찰하는 유식학설은, 일상에서 유가수행을 통해서 본연의 마음을 터득할 수 있는 경지에까지 이르게 되는데, 그때에 자신의 새로운 모습이 惺惺寂寂하게 발현됨을, 실제로 체득할 수 있는 불교학의 한 분야이다. 따라서 평상시에 분별심인 알음알이를 내지 않는 것이 필수적인 덕목이고, 항상 깨어 있는 지혜의 바다를 갈망하는 실천수행이 무엇보다도 관건이라고 할 수 있다.

제 2 장

유식삼십송

제2장

유식삼십송

세친보살 造, 현장 譯[1]

〈서 분〉

稽首唯識性	유식의 實性에 원만하게[佛]
滿分淸淨者	또는 부분적으로[菩薩] 청정한 분들께 예경을 올립니다.
我今釋彼說	제가 이제 그[世親]의 게송들을 해설하여,
利樂諸有情	모든 유정들을 이롭고 안락하게 하겠나이다.

〈정종분〉

(1) 由假說我法　자아[주관]와 아법[객관]을 가설함으로 인하여,
　　有種種相轉　　갖가지 형상들의 전전함이 있으니,
　　彼依識所變　　그것들은 심식이 전변한 것[見分과 相分]에 의

	지한다.
此能變唯三	이러한 능변식에는 오직 3가지가 있는데,

(2) 謂異熟思量　이숙식과 사량식 및
　　及了別境識　요별경식을 말한다.
　　初阿賴耶識　첫째는 아뢰야식이고,
　　異熟一切種　이숙식이며, 일체 종자식이다.

(3) 不可知執受　가히 執受와 기세간[處]과 그 식별작용을 알
　　　　　　　　수 없지만,
　　處了常與觸　항상 접촉과
　　作意受想思　작의와 감정과 상상 및 생각과 상응하며,
　　相應唯捨受　오직 사수[不苦不樂受]이다.

(4) 是無覆無記　이것은 무부무기성이고,
　　觸等亦如是　접촉 등[遍行法]도 또한 그러하다.
　　恒轉如瀑流　언제나 유전함이 폭포수와 같지만,
　　阿羅漢位捨　아라한의 지위에서 버려진다.

(5) 次第二能變　다음은 제2 능변식으로서
　　是識名末那　이 심식을 말나식이라 하는데,
　　依彼轉緣彼　저것[阿賴耶識]에 의지하여 전전하고, 저것을

	반연하며,
思量爲性相	사량함을 자성과 행상으로 삼는다.

(6) 四煩惱常俱   4가지의 번뇌와 항상 함께하는데,
　　爲我癡我見   아치와 아견과
　　並我愛我慢   아애 및 아만이다.
　　及餘觸等俱   나아가 다른 것[隨煩惱]과 접촉 등을 함께하며,

(7) 有覆無記攝   유부무기성에 포함되고
　　隨所生所繫   (아뢰야식이) 일어남에 따라서 그것에 계박된다.
　　阿羅漢滅定   아라한위와 멸진정 및
　　出世道無有   세도에서는 존재하지 않는다.

(8) 次第三能變   다음의 제3 능변식은
　　差別有六種   (根, 境에 따라서) 차별하면 6가지가 있는데,
　　了境爲性相   경계를 식별하는 것으로서 자성과 행상으로 삼지만
　　善不善俱非   선성과 악성 및 무기성[俱非]이다.

(9) 此心所遍行   이것[6識]의 심소법은 변행법과
　　別境善煩惱   별경법과 선법[善]과 번뇌법[本惑]과
　　隨煩惱不定   수번뇌법[隨惑] 및 부정법(不定法)으로서,

皆三受相應	모두 3가지의 감정과 상응한다.

(10) 初遍行觸等　처음의 변행 심소법은 접촉 등이고,
　　　次別境謂欲　다음의 별경 심소법은 욕망과
　　　勝解念定慧　승해와 생각과 선정 및 지혜이지만,
　　　所緣事不同　그 인식대상 자체는 같지 않다.

(11) 善謂信慚愧　선 심소법은 믿음과 뉘우침과 부끄러움 및
　　　無貪等三根　무탐 등 3가지의 선근과
　　　勤安不放逸　근면과 경안과 불방일과
　　　行捨及不害　행사 및 불해(不害)이다.

(12) 煩惱謂貪瞋　번뇌 심소법[本惑]은 탐욕과 성냄과
　　　癡慢疑惡見　어리석음과 자만심과 의심 및 악견이다.
　　　隨煩惱謂忿　수번뇌 심소법[隨惑]은 분노와
　　　恨覆惱嫉慳　원한과 덮음과 고뇌와 질투와 인색함과

(13) 誑諂與害憍　거짓과 아첨과 방해와 교만함[이상 小隨惑]과
　　　無慚及無愧　무참과 무괴[이상 中隨惑]와
　　　掉擧與惛沈　도거와 혼침과
　　　不信並懈怠　불신과 해태와

(14)	放逸及失念	방일과 실념과
	散亂不正知	산란 및 부정지(不正知)[이상 大隨惑]이니라.
	不定謂悔眠	부정(不定) 심소법은 후회와 수면과 심구 및 사찰(伺察)로서,
	尋伺二各二	2가지[悔眠과 尋伺]에 각각 2가지씩[善과 染汚]이다.
(15)	依止根本識	근본식에 (전5식과 意識이) 의지하며,
	五識隨緣現	전5식과는 인연에 따라서 현행하는데,
	或俱或不俱	어느 때는 같이 하나 어느 때는 같이 하지 않음이
	如濤波依水	마치 파도[5식]가 물[第8識]에 의지함과 같다.
(16)	意識常現起	제6 의식은 항상 일어나지만,
	除生無想天	무상천과
	及無心二定	무상정과 멸진정의 2선정[無心의 二定]과
	睡眠與悶絶	극수면 및 민절(悶絶)일 때에는 일어나지 않는다.
(17)	是諸識轉變	이것은 모든 심식들[3능변식과 그 심소법]이 전변해서
	分別所分別	분별하고[見分] 분별된 것[相分]이다.

| 由此彼皆無 | 이렇기 때문에 저것들[자아와 아법]은 모두 존재하지 않는다. |
| 故一切唯識 | 그러므로 일체는 유식성이라 한다. |

(18) 由一切種識 　일체 종자식의
　　　如是如是變 　이러이러한 전변에 의지하여,
　　　以展轉力故 　전전한 세력 때문에
　　　彼彼分別生 　저것과 저것의 분별[有漏의 分別]이 일어난다.

(19) 由諸業習氣 　모든 업의 습기와
　　　二取習氣俱 　능취와 소취의 습기가 함께 함으로 인하여,
　　　前異熟旣盡 　앞의 이숙식이 멸진(滅盡)되면,
　　　復生餘異熟 　다시 다른 이숙식이 (별도로) 일어난다.

(20) 由彼彼遍計 　저것과 저것의 변계에 의지하여
　　　遍計種種物 　갖가지의 체상들이 변계되므로,
　　　此遍計所執 　이러한 변계소집의 것은
　　　自性無所有 　그 자성이 없는 것이다.

(21) 依他起自性 　의타기성의 자성은
　　　分別緣所生 　분별의 인연으로 일어난다.
　　　圓成實於彼 　원성실성은 저것[의타기성]에서,

| 常遠離前性 | 항상 앞의 것[변계]을 遠離[空]한 성품이다.

(22) 故此與依他　그러므로 이것[圓成]과 의타기성은
　　 非異非不異　다르지도 않고 다르지 않는 것도 아니다.
　　 如無常等性　마치 무상[無我, 空] 등의 성품과 같으니,
　　 非不見此彼　이것[圓成]을 조견하지 못하면, 저것[依他]도 알 수가 없다.

(23) 卽依此三性　바로 이러한 3가지의 자성에 의거하여,
　　 立彼三無性　저 3가지의 무자성을 건립하는 것이다.
　　 故佛密意說　그러므로 부처님께서 밀의로써
　　 一切法無性　일체법은 자성이 없다고 하신다.

(24) 初卽相無性　처음의 것[遍計]은 상무성이고,
　　 次無自然性　다음의 것[依他]은 무자연성이며.
　　 後由遠離前　뒤의 것[圓成]은 앞[遍計]의 것에서,
　　 所執我法性　집착된 자아와 아법을 멀리 여읜 것에 의거한 실성이다.

(25) 此諸法勝義　이것은 모든 존재의 승의이며,
　　 亦卽是眞如　또한 바로 진여이다.
　　 常如其性故　항상 하며 如如함이 그 자성이므로,

| 卽唯識實性 | (이것이) 바로 유식의 진실한 성품인 것이다.

(26) 乃至未起識　나아가 심식을 일으켜서
　　 求住唯識性　유식의 실성에 안주하려고 희구하지 않으면,
　　 於二取隨眠　능취와 소취의 수면을
　　 猶未能伏滅　능히 조복하지 못한 것과 같다.

(27) 現前立少物　바로 눈앞에 (심식이 變易한 진여의) 적은 것을 건립하여,
　　 謂是唯識性　유식의 실성이라고 한다면,
　　 以有所得故　(심식이) 증득한 것이 있기 때문에,
　　 非實住唯識　진실로 유식의 실성에 안주한 것이 아니다.

(28) 若時於所緣　어느 때에 경계에 대해서,
　　 智都無所得　지혜로도 전혀 증득한 것이 없다면,
　　 爾時住唯識　그때에서나 유식의 실성에 안주한 것이 되나니,
　　 離二取相故　능취와 소취의 행상을 여의었기 때문이다.

(29) 無得不思議　(이것은) 증득할 수도 없고 불가사의한 것으로서,
　　 是出世間智　바로 세간의 지혜를 벗어난[無分別] 것이다.
　　 捨二麤重故　2가지의 추중한 번뇌[二惑障의 종자]를 단절

	하였기 때문에,
便證得轉依	곧 전의[菩提와 涅槃]를 증득한 것이다[佛果].

(30) 此卽無漏界	이것[菩提와 涅槃]이 바로 무루의 세계이며,
不思議善常	불가사의하고, 善法이며, 상주하는 것이고,
安樂解脫身	안락이며, 해탈신이고,
大牟尼名法	대모니라는 법신인 것이다.

〈유통분〉

已依聖教及定理	이미 성스러운 가르침과 올바른 이치에 의지하여,
分別唯識性相義	유식의 실성과 법상의 의미를 분별하였나이다.
所獲功德施群生	증득한 공덕을 모든 중생들에게 베푸노니,
願共速登無上覺	모두가 신속히 최상의 정각에 오르기를 발원하옵나이다.

1. 서 분

유식의 實性에 원만하게[佛]
또는 부분적으로[菩薩] 청정한 분들께 예경을 올립니다.
제가2) 이제 그[世親]의 게송들을 해설하여,
모든 유정들을 이롭고 안락하게 하겠나이다.

稽首唯識性
滿分淸淨者
我今釋彼說
利樂諸有情.3)

서분의 게송은 본 30송에는 들어가지 않는 부분으로서, 세친의 입멸 후에 10대 논사들이 이 내용을 주석할 적에, 그들 중에서 몸소 해설하였던 당사자를 가리킨다. 이를 중국의 자은 규기는 안혜가 지었다고 하는 반면에, 신라의 원측 법사는 호법이라고 해서 의견을 달리하고 있다. 만약에 안혜가 서분을 지었다면 유통분도 함께 저작했을 것이고, 본론인 정종분의 해설에 있어서도, 반야의 공사상과도 상통하는 무형상유식론의 입장에서 그 논술이 전개되었을 것이다. 그리고 호법이라면, 우리가 쉽게 현재에 접할 수 있는 법상교학으로서, 유형상유식론의 관점에서 논술했을 것이 분명하다.

서분의 게송에서 유식성이란, 우리들 심식의 원성실성 그 자체로서, 이것은 오직 진여, 무위 및 무루법이며, 유식의 실성을 유식성이라 한다[4]는 것이다. 즉, 유식성은 진여나 무위법 등으로도 명칭된다는 것이며, 이것을 원만하게 성취한 분이 불타이고, 일부 청정심을 증득한 분이 보살로서, 유식성의 만, 분의 청정자라고 한 것은 수행위[因位]에서 간택한 것이기 때문에, 과위인 법신이라고는 하지 않는다는 것이다. 또한 이러한 열반의 경지는, 그 가실에 따라서 전체적으로 4종으로 나누는데, 유식성은 자성청정의 열반이고, 원만한 청정자는 유·무여의 2종 열반으로서, 과위가 원만할 때에 증득되기 때문이다. 일부의 청정자는 무주처의 열반으로서, 보살의 10지의 위치에서 이미 증득되었음이 인정되기 때문이라고 한다.[5]

결론적으로 유식성은 진여와 진성 및 무루법 등으로 불리는데, 그러한 경지를 원만하게 성취한 불타와, 보살의 10지에서 이미 깨달음을 증득한 청정한 분들께 귀경한다는 내용이다. 나아가 이와 같은 유식성에 원만한 청정자와 일부 청정자를 삼보에 대치해서 구별하기도 하는데, 유식성이 바로 법보이고, 원만한 청정자는 불보이며, 일부 청정자는 승보를 가리킨다[6]는 것이다.

2. 정종분

1) 유위법

(1) 색 법

불교교의에서 물질을 가리키는 色이란, 반드시 변화와 장애성이 있으며, 일정한 부피를 간직하고 있기 때문에 색[7]이라고 한다. 또한 法이란 진리를 일컫기도 하지만, 존재를 가리킬 때에는, 어떤 자상을 지니고 있어서, 그것이 궤범이 되어 다른 물질과 헤아려짐을 낳은 것(任持自相 軌生物解)[8]이라고 한다. 그런데 이러한 법은 사실 범부들의 산란한 번뇌심에서 일어난[9] 것을 이와 같이 명칭한 것이다.

이러한 색법에는 총 11가지의 종류가 있는데,[10] 주관을 대표하는 5가지의 감각기관인 안, 이, 비 등 5근과, 그 객관법으로서 5가지의 인식대상인 색, 성, 향 등 5경[5塵], 그리고 法處所攝色이라고 하여, 우리의 의식 중에만 존재하는 관념적인 존재로서, 겉으로는 드러나지 않는 것[無表色]을 말한다.

이 법처색을 자세하게 분류하면 5가지로 나누는데, 원자의 개념인 極微와, 밝음과 어둠 및 그림자 등을 말하는 極逈色과, 감정상으로 느끼는 수소인색(受所引色)과, 선정 가운데서 중생의 교화를 위하여 나타내는 定中所引色 및 거북이의 털이나 토끼의 뿔 등과 같이 실체가 존재하지 않는 것을 그리는 遍計所起色을 말한다.

불교에서는 일정한 부피를 갖추고 공간을 차지하면서, 변화와 장애성을 지닌 것만이 물질이 아니라, 극미와 같이 명칭만 있는 것과, 그림자나 어두움 및 감정으로 느끼는 것, 그 실체가 사실 존재하지 않는 거북이의 털과 같은 것도, 생각 중에 그려졌다면 이것을 색법으로 여기는 것이다.

이 중에서 극미에 대하여 좀 더 상세하게 설명하면, 우리의 흥미를 끄는 내용들이 많이 보인다. 극미를 정의하면, 모든 색법들을 계속 분석하면, 최종적으로 하나의 극미에 이르게 된다. 그때의 하나의 극미는 색법 중에서 지극히 작은 것[11]이 되므로, 이것을 일컬어 극미라고 한다. 이러한 극미는 본래 관념적인 존재이기 때문에, 그 하나하나에는 비록 색법의 조건인 변화와 장애성의 2가지의 성질이 없지만, 그것들이 쌓이게 되면, 그때에는 변화와 장애성이 있게 되어서[12] 색법이 된다는 것이다.

또한 『성유식론』에서는 정의하기를, 많은 유가 수행자들이 가상의 지혜를 내어서, 색법들의 형상에 대해서 점차로 집착을 제거하고 그 색법들을 분석하여, 분석할 수 없는 데까지 이른 것을 가설로서 극미라고 했다. 그러나 이러한 극미들은 비록 부피가 있다고 하더라도, 더 이상은 분석할 수가 없는 것이다.

만약에 다시 이것을 분석한다면, 곧 空寂한 것으로 사현되므로 색법이라고 할 수 없다. 그러므로 극미라는 것은, 바로 색법의 최종

한계[邊際]라고13) 논술한 바와 같이, 극미는 보통의 우리 육안과 天眼의 경계가 아니고, 오직 다른 제3의 안목의 경계라는 것이다. 말하자면, 이들은 가상의 지혜로만 분석할 수 있기 때문에 실유성이 아니며,14) 지혜의 세계에서만 인식될 수 있다고 한 것은, 그것에 관한 잡념인 번뇌를 제거하기 위한 방편이라는 것이다.

이것을 또한 표면에 드러나지 않는 색법인 무표색으로 명칭한 것은, 밖으로 드러나지 않은 것이므로 변화하거나 걸림이 있는 장애성은 없겠지만, 그것이 의지하는 것도 역시 변화성과 장애성의 존재이기 때문에 변애성의 것, 즉 색법이라는 것15)이다.

(2) 심왕법

초기경전인 『아함경』에서는 마음을 가리켜서 心, 意, 識으로 혼용하고 있으면서, 마음과 의식과 심식의 3가지는 명칭만 다를 뿐이지 그 체성은 하나로서 같다16)고 한다. 설일체유부에서는 이와 같은 무차별의와 함께 유차별의도 주장하였다. 즉, ① 각각 그 명칭이 다르고, ② 활동하는 시간이 다르며, ③ 의미를 내세우는 과목이 다르고, ④ 의미가 다르며, ⑤ 업용이 다른 것 등에 의하여 본다면, 후대로 올수록 이들 사이에는 차별성이 있는 것으로 판단했던 것 같다.

유식교학에서는 이러한 마음을 어떻게 규명하고 있는가 하면,

그 체성에는 8종이 있다[17]고 하였으며, 이 8종의 심식을 통틀어서 심이라고 할 때와 제8식만을 심, 제7식을 의, 전6식을 식이라 부를 때가 있다.

그렇지만 이들을 분리해서 살피는 것이 특징이다. 즉, 『입능가경』에 의하면, 藏識을 심이라 하고, 思量하는 것을 의라고 하며, 능히 모든 대상을 요별하는 것을 식이라고 한다[18]는 것이며, 『유가사지론』에서는 이들 가운데서 모든 심식을 명칭하여 심, 의, 식이라고 부른다. 그런데 가장 뛰어난 기능만을 대상으로 식별한다면, 아뢰야식을 심이라 하고, 말나식을 의라고 하며, 다른 것들은 식이라고 한다[19]는 것이다. 또한 『성유식론』에서도, 모든 마음의 종자들을 적집했다가 현행을 일으키는 集起性이 강한 것을 심이라 하고, 사량성의 것을 의라고 하며, 대상을 요별하는 것은 식이라 한다[20]는 내용 등이 있다.

그러면 이 8식은 그 체성이 하나인가 아니면 구별되는가 하는 문제에는 논쟁이 많지만, 호법 계통에서는 8식의 체별설을 정의로 내세운다. 이와 같은 8식들을 전5식부터 고찰하여, 제6 의식과 제7 말나식 및 제8 아뢰야식 등의 순서로 그 내용을 살펴본다.

(가) 유식의 원리

우리의 마음은 평상시에는 범부와 성인의 것이, 평등하여 본래 구별되지 않고[此心平等 本無凡聖] 고요한 바다[靜海]와 같이 넉넉하다. 그런데 범부는 생각을 내어서 분별심이 발동하여 선·악업을 짓고, 그 여운과 기운과 및 습기 등은 소멸되지 않고, 그대로 마음에 저장이 되는데, 그때에 그것을 아뢰야식, 즉 無沒識이나 장식이라고 한다. 그러므로 평상시에는 마음이라고 하지만, 업과 관련되어서 말할 때에는 마음이라고 하지 않고 아뢰야식이라고 한다.

이렇게 업을 짓고, 그 여운이나 인상 등을 받아들이는 심식들은 모두 8가지로 구분하는데, 그것이 바로 능변식으로서 전6식과 사량식 및 아뢰야식인 이숙식이다. 이러한 성류는 세속제에서는 차별이 있지만, 진제에서는 지혜나 진여 및 유식성과 같아서 차별성이 없이 하나라는[21] 것이다.

말하자면, 심식이란 것은, 일체의 유정들에게 각각 8심식과 6위의 심소법, 전변된 相分과 見分, 그 분위상의 차별 및 이들의 공적한 이치인 진여 등으로 나타난다. 이렇기 때문에 현상계의 일체제법(5위 100법)은, 모두 이러한 심식들의 영역을 벗어나서는 상정될 수 없으므로, 오직 심식뿐(一切唯識造)이라고[22] 주장한다.

이를테면, 고요한 바다와 같은 우리 마음에, 바람격인 생각이 우연하게 일어나서[念起] 분별심이 활동하면, 자아와 아법인 주관과 객관이 나타나고, 이것들이 현상계[器世間]에서 갖가지의 형상들로 전개된다는 것이다. 여기에서 주관을 견분이라 하고, 객관을 상분이라 하는데, 이것들은 또한 마음의 주체로서 第2重의 심층심리인 自證分에 의지하며,[23] 이 자증분을 또한 증지하는 심식으로서 제3중의 인식작용이라는 證自證分을 내세우고 있다.[24]

한편으로 자아와 아법을 발생시키는 아집에는 2가지가 있는데, 선천적으로 태어날 때부터 가지고 나오는 俱生起의 것과, 후천적으로 현재의 생활에서 외부의 삿된 가르침이나 자신의 욕망 등으로 인하여 산란한 분별심을 일으키는 分別起의 것이 있다[25]는 것이다.

이와 같이 각자가 일으킨 심식의 분별로 생성된 현상계는, 다름 아닌 개인의 분별심이 만들어낸 심식활동의 결과이기 때문에, 이것을 여의고서는 제법이 존재할 수 없을 뿐만이 아니고, 진여인 유식성까지도 증득하는 것이 가능하다는 입장에서 유식의 원리를 천명하고 있다.

이러한 내용을 게송에서 보면,

자아[주관]와 아법[객관]을 가설함으로 인하여,
갖가지 형상들의 전전함이 있으니,
그것들은 심식이 전변한 것[見分과 相分]에 의지한다.

由假說我法
有種種相轉

彼依識所變 [第1頌]

  이 게송은 성인의 안목인 지혜의 경지에서는, 분별심이 작용하지 않는 무분별심이기 때문에 현상계의 모든 것은 하나로[26] 친견되지만, 범부들은 그러한 안목이 없어서 하나인 제법을 요달하지 못하여, 생각이 복잡해지면서 잡념이 많아져 무명심이 발동한다는 것이다. 그렇기 때문에 여기에서는 가설이라는 말을 도입해서 게송을 전개하고 있다.

  그렇게 해서 자아와 아법이 인식활동을 하면, 그때에는 필연코 여러 가지의 법상들이 전개되는데, 그러한 것들은 모두 심식활동의 발현에 불과하다[唯識無境]는 것이다. 그래서 유식교학에서는 제법을 5위 100법으로 세분하지만, 실제로는 존재하는 것이 아닌 가유인 것이다.

  이것은 모든 심식들[3능변식과 그 심소법]이 전변해서
  분별하고[見分] 분별된 것[相分]이다.
  이렇기 때문에 저것들[자아와 아법]은 모두 존재하지 않는다.
  그러므로 일체는 유식성이라 한다.

          是諸識轉變

分別所分別

由此彼皆無

故一切唯識 [第17頌]

이렇게 우리가 보는 모든 존재는 가유로서 영원히 실재하지 않는 것이고, 찰나찰나에 일어나는 마음의 소산인 심법과 색법은, 그 성류가 四相을 동반하여 일어나는 변화성이기 때문에, 인연이 다하면 다시 소멸된다는 것이 자연의 원리[一切唯識]라는 것이다. 말하자면, 인연의 유무에 따라서 존재가 결정되는데, 우주의 중심인 자기와 인연이 있으면 존재하고, 인연이 없으면 존재하지 않는 것과 같다는 것이다.

일체 종자식의

이러이러한 전변에 의지하여,

전전한 세력 때문에,

저것과 저것의 분별[有漏의 分別]이 일어난다.

由一切種識

如是如是變

以展轉力故

彼彼分別生 [第18頌]

    여기에서 일체 종자식이란 것은 아뢰야식을 말하는 것으로서, 이 아뢰야식이 마음의 종자들을 함장하고 있다가, 만약에 인연이 닿지 않으면, 그것들은 같은 성류의 종자들로 유전되면서[種子生種子] 잠재해 있지만, 인연을 만나면 현행하여 현상계를 생성한다는 것[種子生現行]이며, 그렇게 생성된 현상은 다시 마음의 분별작용에 의하여 현행을 일으켜서, 그 여력이나 기운 등을 아뢰야식에 薰附시키는 것[現行熏種子]이다.

    그러므로 유형상 유식론을 표방하는 중국의 법상종에서는, 이 현상계의 기본원리로서 賴耶緣起說을 설정하며, 이것이 중생들의 윤회의 주체로 활동한다는 것이다.

    모든 업의 습기와
    능취와 소취의 습기가 함께 함으로 인하여,
    앞의 이숙식이 멸진(滅盡)되면,
    다시 다른 이숙식이 (별도로) 일어난다.

    由諸業習氣
    二取習氣俱

前異熟旣盡

復生餘異熟 [第19頌]

    이 내용은 아뢰야식의 이숙성을 설명한 것으로서, 총보의 주체인 아뢰야식은 우리가 작업한 선·악업의 습기를 과감 없이 거역하지 않고 수용하는데, 그때에 선·악업의 종자는 無記性으로 이숙되어서 저장된다는 것이다. 말하자면, 아뢰야식은 반드시 선성도 아니고 악성도 아닌 무기성의 성류[因是善惡 果是無記]이어야 한다는 것이다. 마치 부모의 입장과도 같고, 백지 상태와도 같아야 하는데, 자식들이 무슨 일을 저질러도 모두 받아들이는 것과 같고, 흑색이든 빨강색이든 다 받아들이는 백지장과 같다는 것이다.

    이렇게 아뢰야식의 선·악업의 습기가, 그 성류를 달리해서 무기성의 종자로 성숙되었기[異類而熟] 때문에, 이런 결과에 따라서 이것을 이숙식이라 한다는 것이다. 그런데 이러한 이숙식은 앞의 것이 소멸되면 거기에 그치지 않고, 폭포수의 물처럼 계속해서 뒤에도 같은 세력으로 유전된다[前滅後生]고 한다.

  (나) 5식

  다음의 제3 능변식은

  (根, 境에 따라서) 차별하면 6가지가 있으며,

경계를 식별하는 것으로서 자성과 행상으로 삼지만,
선성과 악성 및 무기성[俱非]이다.

      次第三能變
      差別有六種
      了境爲性相
      善不善俱非 [第8頌]

 다음은 제3 능변식인 전6식의 작용과 그 성류와 인식활동 및 성품에 관하여 게송으로 간략하게 서술한 것이다. 먼저 안식, 이식 및 의식 등이라고 명칭한 것은 隨根得名, 즉 안근, 이근 및 의근 등의 근에 따라서 붙여진 것이며, 전5식은 반드시 제6 의식의 引導로 말미암기 때문에 함께 동일한 경계에서 발생된다는 것이다.[27] 5식은 그 의지처가 의식뿐만이 아니고, 그 각각의 근과 제7 末那識 및 제8 아뢰야식이며, 그 심리활동을 밖으로만 하는 外門轉으로서, 스스로 사려하는 심리가 불가능하여 많은 인연만을 필요로 하므로, 단절될 때가 많고 인식활동을 할 때는 적은 것이다.[28]

 이러한 5식의 활동 한계를 보면, 식욕과 수면욕 등이 활발한 욕계와, 식욕 등은 사라졌지만 아직도 순수한 정신세계에는 이르지 못한 4선정의 세계인 색계 — 순수한 정신적인 세계로 수, 상, 행, 식의

4온만이 활동하며, 그 최고의 경지가 非想非非想處인 무색계 — 중에서, 욕계와 색계의 初禪까지만 활동한다. 특히 5식 중에서 안식과 이식 및 신식은, 욕계와 색계의 초선[2界] 및 업인에 의한 과보인 5趣 중에서, 雜居地인 욕계와 離生地인 견도[2地] 등 2계와 2지에서만 활동하고, 나머지 비식과 설식은 욕계[1界]와 잡거지[1地] 등 1계와 1지에서 활동하는데, 자기들의 성류끼리 상호작용하여, 항상 전념이 후념을 낳아 단절됨이 없는 等無間緣이다.29)

이와 같은 전5식은 그 인식활동의 범위가 좁기 때문에, 꾸준한 수행을 통해서 이것들의 경지를 벗어나려고[轉依] 정진해야 한다. 즉, 유식성인 무루법의 세계에 도달하면, 전5식은 그 활동이 중지된다. 그것은 여래는 5근의 하나하나를 모두 그 대상인 5경에서 전의하였으며,30) 무애자재위에 이르면 이러한 여러 근들이 상호 작용하여, 어떤 한 근이 심식을 일으키면, 일체의 경계를 攀緣할 수 있다는 것이다.31)

그리고 부처님의 경지에서도 5식 자체가 없지는 않지만, 이것들이 모두 전의를 통하여 지혜로 전환된 成所作智를 성취하였기 때문에,32) 사실은 그 육체적인 기능은 하지 않는 것으로 본다.

말하자면, 전5식은 주로 욕계에서 활동하기 때문에, 식욕이나 수면욕이 강한 환경에서는 항상 작용하지만, 번뇌와 지혜를 얻는 심식의 활동과는 괴리가 있으므로, 정진을 통한 그것들의 자제력을 강력하게 유지해야 한다.

이렇게 전5식이 객진번뇌 등을 단멸할 수 없는 이유를 보면, 번뇌를 끊으려면 제6 의식 등의 다른 심식과도 상통할 수 있는 共相力 등을 낼 수 있어야 하는데, 5식은 오직 자상만을 요별하기 때문[了自相故]이다. 또한 마음 안의 활동[內門]이 아니면 번뇌를 끊을 수가 없는데, 5식은 밖으로만 활동[外門轉]하기 때문이다. 나아가 번뇌를 끊으려면 마음의 안정[禪定]에서 가능한데, 5식은 산심이어서 꾸준히 마음을 유지시켜주는 等引力 등이 없기 때문[無等引故]이고, 무엇을 헤아리거나 과거를 회상할 수 있는 등의 분별력이 없으면 번뇌 등을 끊을 수가 없는데, 5식에는 이러한 분별력이 없기 때문[無分別故]이다.

마치 번뇌와 잡념 등이 많아서, 이것을 벗어나기 위하여 술이나 마약 등을 복용하는데, 이러한 착용만으로는 정신적인 소산인 번뇌 등을 단절하는 것이 불가능한 것이, 술이 깨면 걱정과 근심은 다시 오기 때문이라[酒到醒時 愁復來]는 것이다.

근본식에 (전5식과 의식이) 의지하며,
전5식과는 인연에 따라서 현행하는데
어느 때는 같이 하나 어느 때는 같이 하지 않음이
마치 파도[5식]가 물[제8식]에 의지함과 같다.

依止根本識

五識隨緣現

或俱或不俱

如濤波依水 [第15頌]

　　이 게송의 내용은 전5식과 제8 아뢰야식과의 전전 관계를 설명한 것으로서, 근본식인 아뢰야식을 외연에서 훈습시키는 데 있어서, 인연에 따라서 현행을 함께할 때도 있지만, 어느 때는 같이하지 않는다는 것이다. 마치 파도가 물에 의지함과 같은데, 이때에 파도는 전5식에 해당되고, 그 근본인 물은 아뢰야식이라는 것이다. 참고로 아뢰야식은 유식교학에서 부처님의 경지에서도 존재하는데, 단 이 아뢰야식이 구경의 불지에서는 무루의 종자로 전의되어 執持되어 있다고 한다.

(다) 의식

　제6 의식은 항상 일어나지만,
　무상천과
　무상정과 멸진정의 2선정[무심의 二定]과
　극수면 및 민절(悶絶)일 때에는 일어나지 않는다.

意識常現起

　　　　　除生無想天

　　　　　及無心二定

　　　　　睡眠與悶絕 [第16頌]

　　우리가 일상생활을 할 때에 생각을 내어서 인식활동을 하는데, 그 의식의 중심에 있는 심식을 의식이라고 한다. 이 의식이 작용하지 않으면 5식만으로는 인식활동이 일어나지 않는데, 안, 이 등 5식은 그 대상만을 보고, 듣고 할 뿐이지, 이것을 종합적으로 판별하여 전체적인 개념 등을 창출하는 것은, 이 제6 의식이 하는 것이다. 소승불교에서는 이러한 안식과 이식 등 5식과 이 제6 의식이 하나의 체성[六窓一猿]으로 된 것으로 보았지만, 대승불교의 유식교학에서는 별개의 심식으로 여겨서 6가지로 설정하는데[六識體別], 안식 등도 능히 인식활동을 별개로 한다는 것이다. 즉, 어떤 대상을 접촉했을 때에, 무엇일까 생각하는 사려분별을 요구하지 않고, 직각적으로 알아차리는 경우에는 5식만의 인식활동이라는 것이며, 그것의 전의가 바로 무루지에서는 6신통력으로 발현된다는 것이다.

　　제6 의식의 활동을 보면, 이 의식은 스스로 사려분별을 할 수 있으며, 마음의 안팎으로 전전하고, 많은 반연을 필요로 하지 않는다. 오직 5위의 무심의 상태에서만 일어나지 않지만, 항상 일어나서 인식활동을 하기 때문에, 그것이 단절될 때가 거의 없다[33]는 것이다.

모든 존재인 만물은 그 실체가 없고, 오직 마음 속의 영상만이 존재하는데[唯識無境], 그것이 밖의 경계와 유사하게 발현될 때에, 우리는 그것을 실재인양 대상으로 삼는 것이다. 말하자면, 대상을 있는 그대로 직관하는 것은 안목이고 지혜이지만, 보통은 의식이 대상을 인식하기 좋게 한 번 더 그려서 인식하는데, 이때에 주로 이 의식이 활동을 하는 것이다.[34] 곧, 대상의 자상을 있는 그대로 직각하는 인식작용인 現量을 취득했을 때에는, 외부의 것이라고 생각하지 않지만, 뒤에 의식이 분별심을 내어서 허망하게 밖의 것이라는 생각을 일으키므로,[35] 우리가 보는 대상이 존재한다는 것이다.

이러한 의식은 그 의지처가 의근으로서 바로 제7 말나식이며, 또한 제8 아뢰야식의 상분 — 견분인 주관심이 그린 객관 — 에도 의지한다. 그런데 소승불교에서는 제6식까지만 존재한다고 하면서 말나식의 존재를 설정하지 않았지만, 대승불교에서는 모든 중생들의 인식주체로 활동하는 자아의식인 말나식의 존재를 인정하지 않을 수 없었던 것이다.

그렇다면 의근인 말나식이 존재하지 않는다면, 소승인들은 어떻게 의식의 의지처를 상정했을까 하는 의문이 생기는데, 그것을 보면,

諸6식이 현행을 마치고 과거로 사라져 갈 때에, 사라지면서

다음 순간의 심식이 발생하도록 작용하는 것이 의근이다. 이를테면, 여기에서는 아들이지만 다른 곳에서는 그를 아버지라고 부를 수 있고, 여기에서는 과일이지만 다른 데서는 그것을 종자라고도 할 수 있는 것과 같다.36)

라고 하여, 저들은 의근을 無間滅의 의식으로 간주하였다.

이렇게 제법인 모든 것을 식별하는 것이 그것의 자성이고 행상인 의식은, 범부들에게는 항상 일어나서 사려분별을 일삼지만, 5가지의 위치에서는 이것이 존재하지 않는다[五位無心]. 그것을 보면, 無想天인 색계의 제4 禪定天에 이르면, 모든 번뇌가 없으므로 의식도 존재하지 않는 것으로 본 것이며, 마음과 그 심리작용 등의 활동이 모두 소멸된 선정인 無想定과, 무소유처의 도리를 증득한 성자가 즐기는 경지로서, 이 다음의 단계에서는 무색계의 제4 선정인 비상비비상천에 증입한다는 滅盡定의 2무심정에서도, 의식은 역시 존재하지 않는 것으로 본다. 나아가 아주 곤한 잠에 빠졌을 때의 극수면과, 기절 등을 했을 때에는 의식의 활동이 중지된 것으로 본다.37)

그렇지만 모든 범부와 성인들을 막론하고, 이것이 모두 없는 것이 아니고, 그 수행과 지혜의 여부에 따라서 일부의 경우에만 적용된다는 것이다. 즉, 이와 같은 5위 중에서 異生인 범부에게는 4위만 존재하고 멸진정에서는 증입되지 못한다는 것이고, 성자들은 뒤의 3위인 멸진정과 극수면 및 민절만이 있으며, 여래인 관자재보살에게는 이 3위 가운데서 오직 한 지위인 멸진정만이 존재하고, 극수면과 민절 등은 존재하지 않는다[38]는 것이다. 참고로 무상정은 선정의 경지이기는 하지만, 외도와 범부들이 닦는 경지로서, 이것의 과보인 무상천은 5백 겁 동안에 의식이 활동하지 않는다고 하기 때문에, 성자와 여래에게는 이 상태가 존재하지 않고, 멸진정만 존재하는 것이다.

(라) 심소법

이것[6식]의 심소법은 변행법과
별경법과 선법[善]과 번뇌법[本惑]과
수번뇌법[隨惑] 및 부정법(不定法)으로서
모두 3가지의 감정과 상응한다.

此心所遍行
別境善煩惱
隨煩惱不定
皆三受相應 [第9頌]

이와 같은 성류와 작용을 함유하고 있는 의식은 그 활동이 광범위하기 때문에, 거기에 상응하여 활동하는 심리작용인 잔 마음[細心]도 많을 수밖에 없다. 이렇게 큰 마음인 심왕법에 상응해서, 항상 일어나는 잔 마음들을 심왕법에 소유된 법, 즉 심왕소유법이라고 한다. 여기에는 모두 51가지가 있다. 이러한 내용을 보면,

> 항상 마음에 의해서 일어나고, 마음과 더불어 상응하며, 마음에 얽매어 있기 때문에 심왕에 소속된 법이라고 한다. 마치 자기에게 소유된 물건을 내 것이라고 하는 것과 같다.[39]

라고 해서, 인식주체인 마음과는 그 상응하는 시간이나 의지하는 인식기관 및 대상 등에 있어서, 작용하는 일이 동일하다는 것이다. 그렇다고 해서 이 2가지의 법이 전혀 같은 인식활동만 하는 것인가 하면, 그렇지 않다고 한다. 즉,

> 대상에 대해서 인식주체인 마음은 오직 總相만을 연취하고, 그에 따른 심리작용, 즉 심 소유법은 別相을 연취해서 마음이 하는 일을 돕기 때문에 심왕에 따른 법이라고 한 것이다. 마치 그림을 그릴 때에 선생이 먼저 대체적인 윤곽을 그리고 나면, 뒤에 제자가 그 위에 자세하게 색칠하는 역할과 같다.[40]

라고 하여, 심왕법인 마음이 대상의 대체적인 윤곽을 파악해서 덧그림을 그리고 나면, 그 위에 제자들이 세심한 부분까지 색칠을 해서 완성하는 것이, 마치 심왕법과 심소유법의 차별성이라는 것이다.

이 제6식인 심왕법은 그 반연하는 심소법이 아주 많다. 그것을 크게 6부분으로 나누면, 변행법의 5가지, 별경법의 5가지, 선법의 11가지, 본혹법의 6가지, 수번뇌법의 20가지 및 부정법의 4가지 등 총 51가지의 심소법으로 설명하고 있다.

처음의 변행 심소법은 접촉[觸] 등이고,

初遍行觸等 [第10頌]

먼저 변행 심소법이란, 항상 마음의 주체인 심왕법과 함께 일어나서[41)] 인식활동을 하는 심소법들인데, 이들은 특히 심왕법과 첫 생각[初念]에서 상응하여 일어나 활동하는 것이 특징이다. 이를테면, 눈이 물질을 대상으로 하여 안식을 일으킬 때에, 이들 3가지[안, 색, 식]가 화합하여 발생되는 감각이 감촉[觸]이고, 이렇게 대상과 접촉이 되었으면, 그것이 무엇일까 하는 의심을 일으키는 것이 作意이며, 그때에 느끼는 3가지[苦, 樂, 捨]의 감정이 受이고, 그에 대한 상상력[想]과 기억[思] 등의 5가지의 심리작용들은, 언제나 마음인 심왕법과 동반하여 활동한다[42)]는 것이다.

다음의 별경 심소법은 욕망과

승해와 생각과 선정 및 지혜이지만,
그 인식대상 자체는 같지 않다.

> 次別境謂欲
> 勝解念定慧
> 所緣事不同 [第10頌]

별경 심소법은 심왕법과 다음의 생각[次念]에서 일어나는 심리작용인데, 일체의 심왕법과 항상 두루 하여 일어나지 않고, 각각의 다른 경계[別境 ; 所緣境事 多分不同]43)의 속성에 따라서 다르게 일어나는 심소법을 말한다. 이러한 것에 욕심[欲]이 있는데, 무엇에 대하여 관심과 욕구가 있으면 이 심소법이 일어나지만, 그렇지 않으면 접촉하고서도 관심이 없는 경우를 말한다. 또한 유사한 경우로서 무엇에 대한 뛰어난 견해[勝解]와 과거의 생각[念]과 마음의 안정[定] 및 가벼운 지혜[慧] 등도, 그 사람의 관심과 무관심 사이에서 일어나기 때문에 각각 다르다는 것이다.

선 심소법은 믿음과 뉘우침과 부끄러움 및
무탐 등 3가지의 선근과
근면과 경안과 불방일과

행사 및 불해(不害)이다.

> 善謂信慚愧
> 無貪等三根
> 勤安不放逸
> 行捨及不害 [第11頌]

선 심소법이란, 심왕법이 선한 마음을 일으키면[唯善心中 可得生故], 거기에 따라서 상응하는 심리작용도 선량한 마음들이 동반되는데, 이럴 경우에는 무엇보다도 진실로 믿는 마음[信]이 부수적으로 일어나는 것이고, 뉘우침[慚]은 진실함과 덕망 및 능력 등을 깊이 인정하거나, 즐기고 희망해서 마음이 청정한 것으로서, 자신의 법력에 의거하여 현인과 선법 등에 대해 잘하지 못한 점을 뉘우치는 것이다. 부끄러움[愧]은 남에게 나의 행동과 언어가 순수하지 못하였거나, 희망을 주는 데 있어서 부족함을 뉘우쳐서 부끄러워하는 행동을 말한다. 또한 계속되는 윤회하는 삶과 그 원인에 탐착하지 않아서, 어떤 경우에도 탐욕도 일어나지 않는 것[無貪] 등 11가지가 있다.

나머지 無瞋과 無痴 등 7가지 중에서, 특히 行捨 심소법은 정진[勤]과 3가지의 선근[무탐, 무진, 무치]이 마음을 평등하고 정직하게 해서, 어떠한 것과도 상통되지 않는 無共用의 경지에 머물게 하는데,44) 여기에서 捨는 마음이 가라앉은 것[惛沈]도 아니고, 그렇다고 들 뜬 것[掉擧]도 아닌 평온한 상태를 말하고, 行은 행상으로서 불고불낙수인 捨受를 잘 간택해서, 고, 낙수를 없앤 인식활동을 말한다.

이러한 11가지의 선 심소법들은, 그 존재가 6가지의 수행덕목 중에서 각각 다르게 일어나는데, 즉, 결정위에서는 믿음[信] 심소법만이 존재하고, 잡염법들을 止息했을 때에는 뉘우침[慚]과 부끄러운[愧] 법이 일어나는데, 자신과 타인을 回顧하기 때문이다. 선품의 위치에서는 정진[勤]과 3선근[무탐, 무진, 무치]이 있으며, 세간도의 때에는 輕安의 심소법이 일어나고, 출세간도에서는 행사와 不放逸의 심소가 있으며, 중생들을 섭수할 때에는 손해를 끼치지 않거나 자비심을 내는 不害 심소가 존재한다45)는 것이다.

번뇌 심소법[本惑]은 탐욕과 성냄과
어리석음과 자만심과 의심 및 악견이다.

煩惱謂貪瞋
痴慢疑惡見 [第12頌]

번뇌 심소법은 마음을 항상 어지럽게 하거나 혼탁케 하는데, 범부들은 이것으로 말미암아 생사윤회에서 벗어날 수가 없으므로 번뇌라고 한다.46) 이때에 함께 동반하여 일어나는 번뇌는 가장 근본적인 것47)이기 때문에, 本惑이라고도 한다. 먼저 범부들은 윤회하는 삶과 그 원인 등에 대하여 강력하게 탐착하는데, 이렇게 일어난 탐욕[貪]은 모든 고통의 원인을 제공해서, 한시도 마음이 편안할 날이 없게 만드는 것이다.

이렇게 번잡하고 고통스러운 일상이므로, 자연스럽게 증오심이 발동하여 이유 없는 화[瞋恚]를 내는 것이다. 올바른 이치에 대하여 우매하고, 조금 안 지식을 마치 지혜로 착각하는 어리석은 생각[痴]은, 보통 사람들에게서 많이 볼 수 있다. 자신의 용모와 재산 등을 최상으로 여기거나, 인격과 지식 등을 과신하여 남을 비하하는 마음[慢]이 일어나기도 한다.

또한 마음이 소심하면 의심할 만한 것은 의심치 않고, 의심하지 않아야 할 것은 의심[疑]하는 경우가 많으며, 만고의 진리나 참다운 말에 대하여 顚倒하는 마음을 내거나, 좋은 견해나 의견 등에 대하여 이유 없이 막역한 말을 하는 것을 惡見이라 하는데, 반드시 그 과보는 고통을 수반하게 되어 있다.

그런데 이와 같은 6가지의 근본번뇌 중에서 별도로 악견만을 5가지로 다시 세분하여, 10가지의 번뇌로 말하기도 한다. 즉, 악견 중에서 색, 수, 상 등 5蘊의 가합체를, 마치 영원히 변모하지 않는 자기의 몸이라고 착각하는 身見인 薩迦耶見과, 이러한 자기 몸이 사후에도 다시 태어나서 상주불멸한다거나, 아니면 한 번 죽으면 완전히 단절된다는 등의 치우친 견해를 내는 경향이 있는데, 이것을 邊見이라고 한다. 또한 인과의 도리 등 자연의 법칙을 부정하면서, 윤리와 종교적인 사실을 외면하는 邪見과, 자기가 주장이 악견임에도 불구하고 최승한 견해라고 국집해서, 자기를 청정한 사람이라고 내세우므로, 항상 쟁론을 일으키는 것을 見取見이라 하며, 戒禁取見은 부정한 계법과 그 소의가 되는 것을 최승한 것이라고 내세우면서, 그로 인한 옳지 못한 심득이나 잠시의 평정심을, 마치 열반이나 청정한 경지로 집착하는 것을 이렇게 명칭한다.

　이러한 10가지의 번뇌[十本惑]는 어떤 심왕법들과 어울러 활동하는가 하면, 마음의 본체인 아뢰야식에는 이들이 전혀 존재하지 않고, 말나식에는 아애[貪], 아견[瞋], 아치[痴]의 3독심과 아만[慢] 등 4가지의 근본번뇌가 항상 존재하며, 의식에는 10가지가 전부 존재하는데, 이 심왕법은 평소 모든 심소법들과 상응하기 때문이다. 그리고 전5식에는 오직 3가지만이 존재하는데, 바로 참, 진, 치로서 분별하지 않기 때문으로서, 명칭과 헤아림 등의 심리활동에 의지해서만 아만 등이 발생되기 때문이라는[48] 것이다.

　　수번뇌 심소법[隨惑]은 분노와
　　원한과 덮음과 고뇌와 질투와 인색함과

거짓과 아첨과 방해와 교만함[이상 小隨惑]과

무참과 무괴[이상 中隨惑]와

도거와 혼침과

불신과 해태와

방일과 실념과

산란 및 부정지(不正知)[이상 大隨惑]이니라.

隨煩惱謂忿

恨覆惱嫉慳 [第12頌]

誑諂與害憍

無慚及無愧

掉擧與惛沈

不信並懈怠 [第13頌]

放逸及失念

散亂不正知 [第14頌]

    범부들의 근본번뇌인 6본혹이 활발하게 심리활동을 하면, 이것들에 수반되어 같은 세력[等流]으로 유전되는 번뇌들이 많은데, 이것을 隨煩惱 또는 隨惑이라고[49] 한다. 말하자면, 이것들은 그 일부가 탐, 진, 치 등 근본번뇌의 거친 인식활동의 상태에서 나타난 가립적인 존재이기 때문에, 실체가 존재하는 것이 아니어서 隨 자를 붙인다는 것이다. 반면에 이것을 근본번뇌를 바탕으로 실재하는 번뇌로 인식하는데, 이러한 요인들이 선행조건이 되어서 일어나기 때문에, 수 자를 앞에 붙인다는 것이다. 즉, 이 심소법들은 전후로 일어나는 것이 아니고, 근본번뇌와 같은 종류의 심소법에 이끌려 발생되므로 등류라는 것이다.

또한 이 수번뇌는 그 분위상의 차별이어서 같은 종류로 유전되는 등류성이지만, 그러한 형태를 번뇌의 성류인 잡염과 불선법 등과 관련해서 분류해 보면, 크게 3가지로 나눌 수 있다. 즉, 분노와 원한 및 방해[害] 등의 10가지는, 각각 별도로 일어나기 때문에 小수혹이라 하고, 무참과 무괴의 2가지는, 두루 불선법에서 일어나기 때문에 中수혹이라 하며, 도거와 혼침 및 부정지 등의 8가지는, 잡염된 마음과 상응하기 때문에 大수혹이라 한다.50)

다시 말하자면, 소수혹의 것들은 불선한 마음에서 일어나는 것도 아니고, 그렇다고 오염된 잡념에서 일어나는 것도 아니지만, 그 행상만이 거칠고 드세서 각각 별도로 일어나기 때문에, 이렇게 명칭한 것이다. 중수혹의 2가지는 잡염법에서 일어나지 않고, 오직 선량하지 못한 마음에서만 활동하여, 그 작용의 법위가 협소하므로 이렇게 명칭하고, 대수혹의 도거와 혼침 등은 일체의 잡염법이 일어나면 반드시 상응하여 함께 일어나는 것과 같이, 그 활동 범위가 광대하므로 이렇게 명칭한다는 것이다.

이러한 심소법들에는 자주 분노심[忿]을 일으키는 것과, 무엇에 대한 지속적인 恨 맺힌 언행과, 좋은 생각이나 지혜 등이 가려져서 오리무중인 마음을 가져오는 것[覆] 등 20가지가 있는데, 그중 몇 가지만을 살펴본다.

먼저 화를 내거나 분노심을 자주 일으키는 심소법은, 현전의 경계에 대하여 이익의 여부가 상존하므로, 자주 분노심을 내거나 일부러 외면하게 되는데, 이러한 행위가 극한에 다다르면, 몽둥이 등을 들고 폭악한 행동을 하는 것이 그 실제라고 할 수 있다. 그런데 이것은 진에의 일부이므로 지혜와 수행력 등을 증득하면, 그 마음이 진정되어서 별도로 일어나지 않고 사라진다.

오랫도록 무엇에 대한 강박관념이 있어서 꿈 속에서도 자주 나타나는 원한[恨]은, 적거나 많게 거의 모든 사람들이 간직하고 있다. 마음이 소심한 사람에게는 더 자주 발생하는데, 문제는 그러한 심리작용을 본인이 직접 인식하지 못하고, 마치 남이 나에게 끼친 피해와 그 결과로 여기는 것이다. 따라서 성내는 악심을 간직하여, 마치 자신의 등신과 같이 품고서 버리지 못하므로, 항상 불만이 많고 원망과 갈등이 우후죽순처럼 치성한 것이다. 이 역시 성냄의 일부이므로 그 원인을 스스로 극복하면, 햇빛이 나면 안개가 사라지듯이 자연히 소멸된다.

어떠한 사실을 가려서[覆] 임시방편으로 모면하려는 성질이 강한 것을 말하는데, 오히려 그러한 방법은 발전적, 진취적이지 못하고 더 현상을 악화시키는 경우가 많다. 따라서 은폐하여 가리면, 시간이 지날수록 불안한 마음은 가중되고, 그에 상응하여 행동과 말투도 격해진다. 이것도 탐욕과 우치함의 번뇌를 제거하면, 곧 사라지는 특성을 가지고 있다.

이와 같이 가림을 단순히 현상계의 제현상에만 작용시켜서 활용할 수 있지만, 유식교학에서는 보다 높은 차원에서 지혜와 청정심 등을 가리는 심소법으로 여기고 있다. 즉, 지식만 있고 수행을 하지 않으면 머리만 무겁고, 수행만 하고 지식이 없으면 맹신에 빠지기 쉬운데, 이때에 이와 같은 여건을 만드는 것은 바로 가림 등으로서, 지혜와 정진이 이러한 번뇌와 그 형식 등으로 가려졌기 때문이다.

이렇게 청정심 등을 가리는 것을 유부성[有覆]이라 하는데, 이때에 覆 자는 차가 顚覆된다고 할 경우에는 복이라 하지만, 진여와 지혜 등을 가려서 그것이 보이지 않게 할 경우에는, 가린다는 의미로서 부로 읽어서, 유부와 무부 등으로 한다. 따라서 우리가 흔히 覆蓋 공사라고 하지만, 사실은 부개 공사라고 해야 맞으며, 번뇌의 가림이 없는 경지를 진여나 열반상태 등으로 표현하는데, 이럴 경우에 그 지혜를 가리켜서 무부성[無覆]이라 하는 것도, 이와 같은 맥락에서 읽는 것이다.

다음에 질투[嫉]하는 심소법은, 시기심을 간직해서 타인의 영화나 뛰어난 용모 등을 질투하고, 자기의 이익과 명예를 지나치게 희구하여, 항상 부족한 삶을 영위하는 것을 말한다. 이러한 마음을 가지면 우울함과 조급성이 있기 때문에, 사리를 제대로 판단하지 못하여 후회하는 경우가 많다. 그러나 이러한 마음이 없고 항상 如如한 경지를 체득하면, 이것도 성냄의 일부이기 때문에, 쉽게 소멸되어 분별이 없는 안정된 상태를 유지할 수 있다.

일상생활에서 이익과 명예를 얻기 위하여, 평소 교묘하게 덕망이 있는 것처럼 위장하고 속이는 것[誑]을 그 본성으로 하는데, 이러한 행동은 반대로 진솔함과 정직성을 방해해서 삿되게 살아감을 거드는 것이나 마찬가지이다. 덕망이라는 덕목은, 남에게 아낌없는 헌신과 무주상 보시 등을 실천했을 때에, 자연스럽게 얻어지는 것[得]으로서 功德과도 같다. 우선 남을 위한 功力이 지속될 때에, 그 결과로 자신한테 취득되는 것이다. 마음으로만 덕망을 바라는 것은, 속 없는 빵과 같이 공허한 망상이고, 그저 지나가는 바람일 뿐이다.

남을 끌어들이기 위하여 누구에게나 절묘하게 위장된 행동[諂]을 수시로 보이고, 진실성을 갖춘 것처럼 굴신하는 것을, 본성으로 삼아서 인격자인 양 행세하는 것이다. 그 결과로 최후에는 그의 동료들과 스승에게까지 이르러서, 오히려 비난과 풍문 등을 일삼으므로, 그가 있는 곳이면 언제나 분란과 과장이 끝이 없는 것이다. 이 심소법도 탐욕과 우치의 일부이기 때문에 별체가 없어서, 지혜와 수행을 통한 안목이 생기면 소멸되는 것이, 마치 회오리 바람이 금방 사라지듯이 순식간에 사라진다.

　소수혹인 교만함[憍]은 역시 탐욕의 일부로서, 그 체성이 번성한 사업이나 높은 공부에 자만심을 일어나게 하여, 소박한 생활과 겸손한 행동을 방해하는 것이다. 그렇기 때문에 자연히 남을 많이 의식하게 되고, 행동이 거만스러워서 인상부터가 들떠 있는 경우가 많다. 겉으로는 화려할지언정 실속은 남들과 잘 어울리지 못하여, 결국 파산에 이르고, 실속 있는 학문의 천착이 없어서, 그 명망은 오래가지 못하게 된다.

　부정(不定) 심소법은 후회와 수면과 심구(尋究) 및 사찰(伺察)로서
2가지[悔眠과 尋伺]에 각각 2가지씩의 성류[善과 染汚]가 있다.

　　　　　　　不定謂悔眠
　　　　　　　尋伺二各二 [第14頌]

　부정 심소법이란, 그 성품이 선성이라고도 할 수 없고, 그렇다고

악성이라고도 할 수 없으며,51) 선, 악 및 무기의 三性 중에서 어떠한 심소법과도 상응하여 일어나므로 이렇게 명칭한 것이다. 말하자면, 이 심소법은 변행 심소법 등 앞에서 거론한 5가지의 범위 밖의 마음들이다. 무엇에 대하여 후회[悔]하는 것은, 좋았던 것에 대하여 더 좋은 경우를 생각하는 것도 있고, 좋지 않았던 것에 대한 후회도 있기 때문이다.

이렇게 잠자는 수면[眠]도 적게 자는 것도 문제이고, 너무 많이 자는 것도 문제이기 때문인데, 여기에서 수면은 이런 의미보다는, 신체를 부자연스럽게 하고, 마음을 암매케 하는 몽롱한 심적인 상태를 염두에 둔 것 같다. 마치 잠자는 상태가 계속 이어지는 睡眠을, 불교에서는 隨眠으로 표현하는데, 번뇌가 치성하면 깊은 잠에 취하여 정신이 몽롱한 상태와 같으므로, 번뇌의 이칭으로서 이렇게 부르는 것이다.

또한 무엇에 관하여 대충 살피는 것[尋]과, 아주 세심하게 파고 드는 마음[伺] 등은 모두가, 그 성류에 있어서 선, 악 등의 양면성을 함유하고 있는데, 일정하지 못하므로 부정 심소법으로 간주한다.52)

자세하게 말하면, 후회는 일단 좋지 않았던 작업의 결과에 대한 뉘우침으로써, 일찍이 작업했던 것이 마음에 들지 않아서 뒤에 뉘우치는 것을 자성으로 삼으므로, 적정을 유지하려는 마음을 장애하는 것이 특징이다. 그러한 입장에서 후회를 또한 惡作이라고도 하는데,

이 경우는 후회의 원인을 지칭한 것이기 때문에 이렇게 부른다. 이른바 이전에 지은 바의 업을 추억하여, 마음에 흡족지 않게 여기는 심리기제이지만, 반드시 여기에는 과거의 행위만을 싫어하는 것이 아니라, 아직 짓지 않은 속내도 여기에 포함시키고 있다.

이 내용은 일견 이해가 쉽지 않다. 왜냐하면, 대승교학에서는 과거나 미래는 존재하지 않고, 오직 현재만이 존재한다[53]고 하는데, 그 원인으로는 모든 것은 찰나찰나에 생멸하여 실체가 존재하지 않기 때문이다. 이것은 방편상 이해를 돕기 위하여 언어로서 그냥 과거나 미래를 거론한 것 같다.

수면 심소법의 순수한 의미는, 마음이 자재하지 못하여 우매케 된 것을 말하는데, 이러한 상태는 수행의 관법을 장애하는 큰 원동력이 되는 것이다. 그렇지만 그 성류는 선성에도 통하고, 때로는 악성도 통하는 이중성을 가지고 있다는 것을 항상 염두에 두어야 할 것이다.

나머지 심구와 사찰의 2가지의 심소법은 동시에 고찰되는 것이 그 의미상 적절한데, 그 작용들이 서로 연관되어 활동하기 때문이다. 즉, 의식의 대상인 일체제법에 대해서, 급하게 대충 살피는 것은 심구의 활동이고, 자세하게 살피는 것은 사찰의 활동이다. 일면 안정과 불안함을 일으키기 때문에 마음의 소의처가 되는데, 만약에 심신이 편안할 때에는 서둘지 않는 것으로서 그 활동으로 삼고, 반대로 심신이 불안할 때에는 서두르는 것으로서 그 활동으로 삼으면, 심구와 사찰의 작용이 중지되어서 쉽게 삼매의 경지에 몰입할 수 있다는 것이다. 나아가 이러한 심구와 사찰은 그 성류가 염오된 부분과 청정한 부분의 두 양면성을 지니고 있다는 것이며, 후회와 수면의 심소법도 이렇게 양면성을 함유하고 있는 것은 명확하다 할 것이다.

(마) 말나식

일상에서 어떤 대상을 지극히 중립적인 관점에서 파악한 것처럼 보이는 의식도, 그 원인을 고찰해 보면, 선·악업의 작용과 함께 활동하는 자아의식이 그 주인인 것이 보통이다. 즉, 대상화한 의식의 근저에 깊이 작용하고 있는 심식은, 선·악업의 활동과 번뇌의 개입 등으로 물들어져 있는 주관적인 의식이 존재하는데, 이러한 인식주체를 말나식이라고 한다.

이 심식은 제8 아뢰야식을 그 의지처로 삼아서, 항상 아치, 아견, 아만 및 아애 등 4종류의 근본번뇌와 함께 하는데, 특히 제8식의 견분[주관]을 연취해서, 이것을 마치 常一主宰하는 자아의 실체라고 심세하게 집착하는 것을 그 자성으로 삼고, 또한 이와 같이 강력하게 집착하는 것이 바로 이 심식의 기본활동[行相]이다.

이러한 심식을 좀 더 자세하게 설명하면, 말나란 manas에서 온 음사로서, 의식과 사량 등의 의미인데, 제6 의식과는 그 명칭이 같지만 실체는 다른 것[同名異體]이다. 영어에서 man이라는 말이 여기에서 유래되었다고도 하는데, 그렇다면 사람이 있으면 말나식이 존재하고, 말나식이 존재하면 나라는 생각이 있게 되어서, 범부들에게 원초부터 아주 강력하게 내재된, 이 자아의식을 해탈하는 것이 불가능하겠다는 말도 가능한 것이다.

이 의식의 특성 중의 한 가지는, 항상 마음으로 무엇인가를 살펴서 분별하는 것[恒審思量]인 데 비하여, 다른 심식들은 그렇지 않다. 즉, 전5식은 연취하는 대상이 현재 전하지 않으면, 그것을 취할 수 없기 때문에 항상 살피는 것이 불가능하고, 또한 과거의 기억을 되살리는 隨念과 두루 헤아리는 計度分別을 할 수 없으므로 심세성도 없다는 것이다. 그렇기 때문에 전5식은 항상 살핀다는 恒審의 뜻이 결여된 것이다.

제6 의식은 분별하는 것은 심세하지만, 5위의 무심 때에는 그 작용이 단절되어서 역시 항상의 뜻이 결여되어 있다. 제8 아뢰야식은 항상 존재하는 성질은 있으나 자세하게 살피는 작용이 없으므로, 오직 이 말나식만이 항상 살펴서 헤아리는 항심 사량성의 특성을 함유하고 있는 것이다.

이 심식의 성류를 말하면, 오직 지혜 등을 가리는 유부성이지만, 그 심성은 선, 악도 아닌 중성의 무기성이다. 왜냐하면, 이 심식은 항상 자아와 아법에 집착하여 마음을 은폐하고, 성도의 증득을 장애하기 때문이다. 그러나 작용이 아주 미세하여 염오성이기는 하나 악성은 아니다. 그 활동의 한계[界繫]를 논한다면, 욕계와 색계 및 무색계에까지 다 유통된다.

이것의 소의처는 제8 아뢰야식이고, 대상을 분별하는 三量에서는, 자기의 마음대로 헤아리는 非量뿐이다. 소연의 경계를 말한다면, 아뢰야식의 주관심인 견분을 그 대상으로 하여, 자성인양 대상으로 삼는다는 것이다.

이 심왕법과 그 상응하는 심소법들을 알아보면, 어느 심식과도 상응하는 5변행의 심소는 물론이고, 아치 등 4가지의 근본번뇌와, 대수혹의 8가지 및 별경 중의 지혜[慧] 심소 등 총 18가지의 심소법과 동시에 상응한다. 아집의 근본체로서 언제나 대상이 존재하든 존재하지 않든지간에, 항상 살펴서 헤아리는 것이 그 자성이고, 또한 그의 인식활동이다.

언제부터인가는 알 수 없지만, 한 성류로 상속되면서 존재하는데, 이 심식이 존재하면, 반드시 제8 아뢰야식도 형태에 따른 그림자와 같이 항상 따라 다닌다. 그러나 만약에 무루의 경지에 오르면, 이 말나식은 현행되지 않는다. 즉, 이 심식은 아라한과 멸진정 및 출세도 등의 3위에서는, 무루의 지혜가 현전하므로 일어나지 않는다[54]는 것이다. 그런데 이러한 말나식 자체가 전혀 3위에서 존재하지 않는 것이 아니다. 비록 이 3위에서는 염오의 의미는 없지만, 그 자체까지도 없는 것은 아니라고 한다.[55]

초기불교와 대승불교의 용수 때까지도, 아직 그 존재를 인식하지 못하였으나, 아뢰야식이 상정되면서 그 인식활동의 주체를 가정하지 않을 수 없어서 설정하게 되었다는 것이다. 또한 소승불교 시대에는 비교적 지혜가 얕으므로, 이러한 제7식과 제8식을 설정하지 않고, 제6식까지만 설정했는데, 이러한 6식도 하나라고 하였으나, 5위의 무심 때와 같이 의식이 존재하지 않는 경우에는 문제가 일어날 수 있었던 것 같다.

이렇게 대승불교의 중기에 이르러서야 이 말나식의 존재가 설정되었다고 하지만, 이미 그 의미상의 내용은 경논들에서 발견되고 있다. 즉, 그 논증을 보면, 먼저 경전상에서 두 가지로 증명이 되는데[二敎證], 이치적으로 보아서도 여섯 가지[六理證]로 그 존재가 인정되어야 한다는 것이다.

경전에서의 두 가지의 교증을 보면, 첫째로 『입능가경』의 게송을 『성유식론』에서 인용하여 논술하기를,

> 장식은 이것을 마음[心]이라 하고, 사량성은 의식[意]이라고 하며, 능히 모든 대상의 법상을 요별하는 것은, 이것을 심식[識]이라고 한다.[56]

라는 것에서 보면, 제7 말나식의 존재가 이미 설정되어 있었던 사실

을 알 수 있겠다.

둘째로는 『해탈경』에서 논술하기를,

> 물들여진 의식은 항상 모든 번뇌와 함께 생멸하는데, 만약에 이러한 번뇌에서 해탈하면, (그 의식은) 과거에도 없고 또한 미래에도 없을 것이다.57)

라고 한 내용 등으로 미루어 볼 때에, 반드시 제7식은 존재해야 한다는 것이다.

그리고 이 의식이 존재해야 할 이유를 여섯 가지의 이치로 소개하고 있는데, 그중에서 두 가지의 것만을 살펴보면, 첫째로 『성유식론』에서 논술하기를,

> 경전에서 교설하기를, 不共無明은 항상 미세하게 현행하여 진실함을 가리고 숨긴다[隱蔽]. 만약에 이 말나식이 존재하지 않는다면, 저것[불공무명]도 당연히 존재하지 않아야 한다.58)

라는 것인데, 여기에서는 무명이 발생되는 내용을 알아야만 이 문제가 해결될 것 같다. 즉, 앞에서도 언급했듯이 『기신론』에서는 무명이 하나인 진리의 세계를 잘 통달하지 못했을 때에, 마음에 평탄함이 아닌 거리낌 등이 있게 되는데, 그 순간에 홀연히 생각 중에 일어나

는 것을 무명이라고 했다.

여기에서는 보다 상세하게 다른 심소법과의 상응관계 등을 살펴서 논의한다. 즉, 무명은 그 성류로 보아서 탐, 진, 치 등의 근본번뇌와 항상 상응하는 면[상응무명]이 있는 반면에, 독두무명이라고 하여, 제6 의식과만 상응하는 것을 말한다. 즉, 다른 근본번뇌와 상응하지 않고 오직 단독으로만 일어나므로 獨行不共이라 하는데, 이것이 바로 독행불공 무명이다.

또한 무명은 제6 의식과만 상응하는 것이 아니고, 그 범위가 넓어서 제7 말나식과도 자주 상응한다. 이른바 제7 심식과 상응하는 무명으로서, 탐, 진, 치 등과도 상응하지만, 모든 범부들의 마음에서 쉬지 않고 나타나는데, ― 제6 의식과 상응하는 독행무명과는 다르기 때문에 서로 공통되지 않는다는 의미에서 불공 ― 이러한 것을 恒行不共 무명이라고 한다.

이렇게 범부에게 항상 무명이 존재하는 한, 그것과 더불어 활동하는 심리작용이 있어야 하는데, 이러한 상응하는 심식이 없다면, 그것은 무명이 활동하지 않는 것이 되어서, ― 제8 아뢰야식은 일체의 번뇌와 상응하는 것이 아니고 단지 그 씨앗들을 함장한다 ― 이치가 논리적으로 맞지 않는다는 것이며, 그러므로 제7 말나식은 당연히 존재해야 한다는 것이다.

둘째로는 역시 『성유식론』에서 주장하기를,

안근이 물질을 반연하여 안식을 일으키고, 내지 의근이 법경을 반연해서 의식[제6식]을 일으킨다. 만약에 이 의식이 존재하지 않는다면 저 의근도 존재하지 않아야 한다.[59]

이 내용은 『섭대승론석론』의 내용을[60] 인용한 것인데, 안근이 색경을 반연하여 안식을 일으키듯이, 의근은 법경을 인연하여 의식을 일으킨다. 그런데 만약에 제6 의식이 존재하지 않는다면, 그 의지처인 의근도 역시 존재하지 않아야 한다는 것이다. 왜냐하면, 대승에서는 이 의근을 제7 말나식으로 설정하기 때문이다. 참고로 소승불교에서는 이와 같은 제7 심식이 설정되지 않았기 때문에, 무간멸의 의식으로서 의근으로 삼았다는 것은 앞에서 살펴보았다.

다음은 제2 능변식으로서
이 심식을 말나식이라 하는데,
저것[阿賴耶識]에 의지하여 전전하고, 저것을 반연하며,
사량함을 자성과 행상으로 삼는다.

次第二能變
是識名末那
依彼轉緣彼
思量爲性相 [第5頌]

이 제2 능변식인 말나식은 스스로 무명과 4종 번뇌에 훈부되어, 인식활동을 활발하게 하므로 능변식이라고 한다. 이런 능변식 가운데 전6식인 요별경식은 제3 능변식이라 하고, 제1 능변식은 아뢰야식인 이숙식을 일컫는다. 이 말나식은 저 아뢰야식에 의지하여 전전하며, 아뢰야식을 필연코 반연한다. 이렇게 항시 인식 주체인 자아가 존재하여, 헤아려서 구별하는 것[分別]이 그 심성이고, 그렇게 心轉하는 것이 이 심식의 인식작용인 행상인 것이다. 여기에서 分別한다고 할 때의 分은 헤아릴 분 자로서, 이 분별심이 작용하는 한 중생의 세계는 언제까지나 지속되는 것이며, 어느 대상에 대하여 분별심을 내지 않는 무분별심의 경지야말로, 바로 지혜의 경지로서 無分別智라고 한다.

4가지의 번뇌와 항상 함께하는데,
아치와 아견과
아애 및 아만이다.
나아가 다른 것[隨煩惱]과 접촉 등을 함께하며,

四煩惱常俱

爲我癡我見

並我愛我慢

及餘觸等俱 [第6頌]

    이 말나식은 인식활동을 하는 七轉識 가운데서도 가장 강력하게 본뇌들과 밀착되어 있는데, 그중에서 특히 근본번뇌인 아치 등과 함께 활동하는 성향이 왕성하다.

    이 외에 5가지의 변행 심소법과 대수혹의 8가지 및 별경 중에서는 오직 가벼운 지혜의 심소법과만 상응한다. 여기에서 지혜란, 본래 지식이 햇빛과 같이 밝아서[智], 한 번 증득되면 영원히 소멸되지 않는 진실한 지혜가 아니고, 가벼운 영감과도 같다. 즉, 어느 대상에 대하여 삿된 것과 순수한 것을 판별해서, 그것을 취득하거나 실손하는 것을 말하는데, 좋은 것은 취득하고 싫은 것은 버리는 일시적인 심리기제를 일컫는다.

유부무기성에 포함되고
(아뢰야식이) 일어남에 따라서 그것에 계박된다.
아라한위와 멸진정 및
출세도에서는 존재하지 않는다.

有覆無記攝
隨所生所繫

阿羅漢滅定
出世道無有 [第7頌]

　　이것은 그 성류가 지혜를 가리는 심식이지만, 선·악성이 아니라 무기성이라는 것이며, 욕계와 색계 및 무색계의 3계에 다 통한다. 아뢰야식이 발생됨에 따라서 동시에 일어나거나, 그것에 속박되어 인식활동을 한다. 만약에 아뢰야식이 존재하지 않는다면, ― 전5식은 5근과 제6 의식과 제7 말나식 및 제8 아뢰야식 등이 의지하는 소의처인 俱有 소의가 있고, 제6 의식은 제7식과 제8식의 2가지의 구유 소의가 있으며, 제7식과 제8식은 서로 의지하는 소의처가 된다 ― 말나식의 구유 소의가 없게 되어, 이 심식이 심리활동을 하는 전전함도 없게 된다는[61] 것이다. 마찬가지로 아뢰야식도 말나식이 구유 소의가 되는데, 저것이 없으면 역시 아뢰야식의 전전함도 없게 되며, 아뢰야식은 항상 염오법을 의지하는데, 그것이 바로 말나식이라는 것[62]이다.

　　말하자면, 아뢰야식이 있는데 말나식이 있고, 말나식이 있으면 바로 중생의 세계라는 것이다. 그렇기 때문에 평상시에 선악과 호불호 등을 쉽게 구별하는 분별심을 내지 않고, 무분별하여 지혜를 증득해야만 하며,[63] 끝없는 정진과 수행력으로 업력을 소멸시켜야 한다는 것이다.

이렇게 윤회의 주체인 말나식을 단절하는 것은 인생 일대의 난제이지만, 그것도 없어지는 경지가 있다.[64] 바로 수행을 잘하여 모든 사람들의 공양을 받을 만하고[應供], 번뇌들을 제거하여[離惡] 마음이 안정된 아라한과를 증득했을 때와, 멸진정 삼매의 선정에 증입되었을 때 및 범부가 사는 세계는 생사윤회를 반복하여 매우 혼미하므로, 모든 것을 참고 견디어야만[忍土] 연명할 수 있는 사바세계를 벗어나, 해탈의 경지에 증입한 출세간도에서는, 이 말나식이 활동을 하지 않는다는 것이다.

그러나 이러한 경지에서는 말나식이 그 행상활동을 하지는 않지만, 그렇다고 그 자체가 존재하지 않는 것은 아니라고[65] 한다. 그리고 성불했을 때에는 제7 말나식은 존재하지 않으므로, 나머지의 다른 7식으로서 깨달음을 이룬다[66]는 것이다.

(바) 아뢰야식

불교를 마음의 종교라고 정의할 때면, 그것은 유식사상의 내용을 염두에 두고 판별한 것이라고 해도 과언은 아니다. 왜냐하면, 유식사상을 불교의 심리학이라고 부르거나 동양의 심리학 등으로 별칭하는 것은, 이 학문이 전적으로 우리의 마음을 다루고 있기 때문이다. 더구나 이러한 유식사상 중에서도 그 핵심이 되는 것은 바로 아뢰야식에 관한 내용인데, 이 아뢰야식에 대한 논증과 해설이 사실상

유식사상의 거의 전부를 차지하고 있기 때문이다.

이와 같이 아뢰야식에 관한 개념이 정립된 데에는, 후세에 부단한 관심과 연구를 게을리하지 않은 많은 대승인들의 천착이 큰 원천이 되었지만, 그들이 이렇게 관심을 갖게 된 것은 아마도 대승불교 이전에 설파된, 소승불교의 경전에서 교시되고 있던 아뢰야식 사상과 유사한 내용들일 것이다.

대승불교와 같이 아뢰야식이라고는 확실하게 명칭하지 않았지만, 부파나 소승불교의 교학에서도 우리 인간들의 마음을 영원히 유지시켜 주면서, 업력까지도 보존해 줄 수 있는 어떤 것들을 꾸준히 탐구했다는 내용들이 산견되고 있다. 그런데 저들이 주창한 6식설은, 범부들의 윤회와 인식활동에 관한 것을 완벽하게 해결해 주는 교의가 아니라는 것을, 일부 선각자들이 깨닫고 있었기 때문이다.

이를테면 마음의 본체로 여기고 있던 제6 의식의 활동에 있어서, 이것이 평상시에는 인간의 인식주체로서 그 역할을 충분히 다 하기 때문에 별문제가 될 것이 없지만, 어떤 불의의 사고나 극한 상황, 즉 숙면이나 기절 등을 했을 경우에는, 우리의 목숨이 죽었다고 해야 할지 등의 난관에 빠진 것이다.

이렇게 단지 의식 등이 활동하지 않더라도 생명의 주체로서, 목숨이 살아 있는 한은 우리의 삶도 보장되고 있다는 어떤 것을, 부파나 소승 불교인들도 상정하게 되었는데, 이러한 개념들이 대승불교의 중기에 와서 아뢰야식 사상으로 자리를 잡는 데 결정적인 역할을 한 것이다.

그 연원사상을 몇 가지 살펴보면, 첫째로 근본식설은 진보적인 성향의 大衆部는 보수적인 上座部와는 달리, 부처님의 말씀에 관하여 설파만 하고, 자기의 생각을 개입치 않는 태도[述而不作]에서 벗어나, 모든 교의를 시의에 맞게 재해석하려는 경향을 보였다. 이중 중생들의 의식에 관한 내용에서도, 모든 인식의 근본이 되는 것을 설정해 놓고, 이것을 근본식이라고 했다. 이것은 아마도 제6 의식보다는 깊은 마음의 본바탕을 궁구한 것 같다.

둘째는 有分識에 관한 교설로서, 부처님의 말씀을 그대로 전승했다고 주장하는 상좌부와, 대중부에서 파생되었지만 저들과는 달리 세간법과 출세간법에는 진실된 법과 거짓된 법이 있다고 주창하던 說假部[일명 分別說部]에서는 유분식을 설정하여, 이것이 과거 등 3세에 걸쳐서 중생들의 생존의 원인이 된다고 주장하였다. 여기에서 有란 '미혹에 의한 생존'을 말하고, 分이란 '그 원인'을 의미하는데, 이를테면 중생들에게는 미혹함이 있고, 또한 이것이 원인이 되어서, 과거 등 3세에 걸쳐서 끝임 없이 윤회하게 된다는 것이다.

셋째로 補特伽羅 교설은, 부처님의 말씀에 의지한다고 하지만, 사실은 외도들의 주장과 가깝기 때문에, 이를 불법 내의 외도, 혹은 附佛法 외도 등으로 불리는 犢子部의 교설이다. 여기에서는 사람과 자아와 數取趣 및 衆數者 등을 의미하는 보특가라(pudgala)를 내세우는데, 이것이 있어서 중생들은 태어나고 죽는다는 것이다. 다시 말하자면, 많은 중생들은 번뇌와 업의 인연으로 말미암아서 자주 6도[六趣]를 왕래하는데, 그 원인은 보특가라가 있기 때문이라는 것이다. 그래서 이것을 삭취취라고 한 것도, 중생들이 자주 6도로 취향한다는 의미이며, 그 원인은 그들에게 나[自我]라는 아집이 있기 때문이라는 것이다.

넷째로 窮生死蘊에 관한 교설은, 설일체유부에서 파생되었지만 거의 그 교의는 대중부의 것과 비슷하며, 시조가 국왕이었던 관계로 이 부파를 건립하여, 온 나라[地]를 교화[化]한다는 의미에서 化地部라고도 했다. 중생들이 생사를 반복하는 한, 끝임 없이 이에 관련되어 상속되는 온이라는 의미에서, 이것을 궁생사온이라고 했다. 다시 말하자면, 미혹의 세계에 사는 중생들이 생사의 끝인 金剛喩定에 이르기까지 상속되어서, 隨轉되는 근본온을 가리키는 것으로서, 제6 의식보다는 더 심세한 심식을 말한다.

다섯째로 細意識에 관한 교설은, 경전의 내용을 중요시한 부파로서, 소승의 20부파 중의 하나인 經量部에서는, 의외로 진보적인 내용들을 교설하였는데, 특히 이 세의식설과 같은 사상은 유식교학의 성립에 지대한 영향을 미쳤다. 즉, 경량의 근본부에서는 중생들의 생사는 정신과 물질이 서로 도와서 상속, 유지된다고 주장하는 반면에, 그 지말부에서는 끝없는 옛적부터 단절되지 않고, 동일한 성류로 상속되는 미세한 심식이 존재하기 때문으로써, 이것을 세의식이라고 한 것이다. 또한 그 성향에 따라서 알 수 없는 과거로부터 현재에까지 한 가지로 상속하여, 윤회를 전생하는 주체라는 의미에서, 이것을 一味蘊이라고도 했다.

대승불교 사상에 있어서 2대의 큰 지류 중의 하나인 유식교학이, 그 학문적인 특색을 발휘하는 것은 무엇보다도 이러한 아뢰야식에 관한 해설에 있다. 물론 이 심식의 확립은 소승불교에서 주장하는 업감연기설의 미비점, 즉 중생들이 지은 업력이 오랫동안 유실되지 않고 상속시켜 줄 장소로서, 그 어떤 개념을 상정하다가 이것이 주목을 받는 계기가 되었지만, 법상교학의 근원은 이 아뢰야식에 관한 자세한 내용이 중심이 되고 있다.

따라서 이 아뢰야식에 관해서 많은 관심과 해명 등이 집중되고 있는데, 우선 다른 심식들과 같이 釋名과 소연 등 8문으로 나누어서 파악한 후에, 나아가 자상과 과상 등 10문으로, 이것을 확대하여 상세하게 살펴보고자 한다. 이외에도 3상문으로 줄여서 고찰하며, 이것과 불가분의 관계에 있는 종자설에 관해서도, 그 이해가 요구되고 있기 때문에 이에 관해서도 규명해 본다.

먼저 이 심식을 아뢰야식과 장식 등이라고 하는데, 특히 장식이라는 의미는 7전식의 활동으로 종자가 발생되면, 그러한 것들은 소멸되지 않고 마음에 저장된다는 것이다. ― 히말라야(Himalaya)산에서 Hima는 눈[雪]이고, ālaya는 저장소[藏]를 의미해서, 히말라야산은 雪藏山, 줄여서 雪山이라고 한다.

　이것은 안식이 색경을 인식대상으로 하듯이, 그 대상으로는 3가지가 있는데, 마음속에 함유되어 있는 종자와, 이들이 의지할 바의 우리의 몸[5근; 有根身], 그리고 우리가 살고 있는 현상계[器世界] 등이 있어야만, 아뢰야식도 그 존재 가치가 있는 것이다. 이렇게 이 심식이 마음의 종자로부터 생겨나는데, 그러면 그 종자는 실재하는 것인가, 아니면 가실된 것인가 할 적에, 이 2가지의 성류가 모두 함유된 것으로 보고 있다.

　이 아뢰야식은 그 성질이, 번뇌와는 같이 활동하지 않는 심식[無覆]이고, 중성적인 성류를 가지고 있어서, 이것을 무부무기성의 것이라고 한다. 또한 이숙 무기적인 성향도 있는데, 그 까닭은 선업이나 악업을 지어서 그 업력이 마음에 저장될 때에는, 선성이나 악성도 아닌 중성적인 것으로 변환되어 잠재해 있기 때문이다.

　이것이 존재하는 세계는 욕계, 색계 등의 3계에 다 통하는데, 이와 같은 입장은 중국의 법상종의 견해로서, 저들은 범부나 성인을 막론하고 이 아뢰야식이 존재하며, 단지 업을 짓지 않아서 청정해지면 이것이 바로 진여와 같은 존재로 전환된다고 하여[67] 제8식까지만 주장했던 것이다. 그렇지만 섭론종이나 대부분의 대승불교에서는,

아뢰야식이란 중생들의 업과 분리될 수 없는 필연적인 것이기 때문에 성인의 경지에서는 존재한다고 할 수 없어서, 이보다 더 근본적인 마음인 제9 阿末羅[無垢, 白淨, 淸淨]識을 설정하여 진여와 같은 존재로 여기고 있다. 따라서 아뢰야라는 명칭은 유루법이 현행하는 사이, 즉 아집이 있는 위치까지만 존재하는 것이지, 아집이 발생하지 않는 성인의 지위에 오르면, 이 심식의 명칭은 사라진다는 것이다[阿羅漢位捨].

중국의 유식불교 사상사에서 보면, 지론종의 남도파에서는 아뢰야식을 순정무구하는 진실한 심식으로 보았으며, 지론종의 북도파와 섭론종, 화엄종 및 기신론 등에서는 이것을 진망 화합식으로 보았고, 법상종에서는 망식 등으로 간주하는 경향이 있었다.

범부들의 작업의 결과로 생성되는 아뢰야식은, 그 의지하는 심식이 말나식이다. 자아성이 강한 주관의식이 끝없이 분별하여 업을 짓기 때문에, 그 업력의 저장소로서 아뢰야식이 설정된 것이다. 이를테면, 지혜가 없는 무명이 진여에 훈부되어 아뢰야식을 낳고, 이 아뢰야식에 의하여 만법이 나타나게 된다는 것으로서, 누구나 다 각자의 아뢰야식으로부터 변현된 세계에서 살아가고 있다는 것이다. 아뢰야식은 일체제법이 생성되는 근본식으로서, 능히 색심 등 제법의 종자를 함장하여 유루, 무루의 일체법으로 변현된다고 한다.

이것을 인식대상을 판단하는 3량문에서 본다면, 오직 눈앞의 대상만을 어떤 사려분별도 없이 그대로 직관하는 현량적인 심리활동을 하는 것으로서, 5식과 같이 본래부터 어떤 번뇌심과도 상응치 않는 존재이다. 말하자면, 이것은 제6식이나 제7식처럼 많은 작은 마음들과 상응해서 인식활동을 하는 것이 아니다. 그러나 직관적인 심분이기 때문에 인식할 때에 항상 일어나는 감촉과, 그것을 알고자 하는 작의 등의 5변행 심소법의 상응이 있어야 한다.[68]

결론적으로 이 아뢰야식이 발생하려면, 서로 의지처가 되는 말나식의 존재가 무엇보다도 중요하고, 경각작용을 일으키는 작의, 이것을 낳은 친인연인 종자, 그 대상인 현상계, 그리고 이것을 지탱할 수 있는 유근신인 몸 등 4가지의 실질적인 인연들이 필요한 것이다.

 이러한 능변식에는 오직 3가지가 있는데,
 이숙식과 사량식 및
 요별경식을 말한다.
 첫째는 아뢰야식이고,
 이숙식이며, 일체 종자식이다.

　　　　　　　　此能變唯三 [第1頌]
　　　　　　　　謂異熟思量
　　　　　　　　及了別境識

初阿賴耶識

異熟一切種 [第2頌]

　　이 심식들은 대상을 인식하는 범부들의 마음의 주체로서 능변식이라고 하는데, 이 능변식이 먼저 대상에 대하여 대체적인 윤곽인 총상을 그리면, 그에 따라 동반되는 세심인 잔 마음들이 상세하게 색칠해서 그림을 완성하는 역할을 한다. 이러한 능변식에는 3가지가 있는데, 그것은 이숙식과 사량분별식 및 요별경식이다.

　　이 아뢰야식은 그 자상으로서, 이숙식과 일체종자식 등의 2위가 더 있지만, 장식인 아뢰야식을 그 첫 번째의 명칭으로 표현한 것은, 범부들이 업을 지으면 그 과실이 위중하여,[69] 반드시 윤회의 주체인 아뢰야식이 발생된다는, 경각심을 일깨워주기 위한 의도성도 있다는 것이다.

　　그런데 이것을 비단 대승불교에서만 설정한 것이 아니고, 소승불교에서도 이와 같은 명칭으로 불렀다[70]는 것이다. 즉,『성유식론』에 있는 내용을『술기』에서 주석하여, 이 심식을 전체적으로 대소승 교학에서 아뢰야식이라 명칭한다는 것이다. ― 이러한 아뢰야식이라는 명칭은 대승불교만이 독단적으로 한 것이 아니다[71]라고 해서, 두 전적에서 모두 인정하고 있다.

　　이러한 이유는 아마도 상좌부와 분별논자들이 내세우는 유분식설에서 연유된 것으로서, 범부들의 세계인 욕계 등 3계에서 생존의 원인이 되는 것을 가정하여 유분식이라고 설정했는데, 뒤에 유식설에서 이러한 내용들을 인용한 것을 말하는 것 같다. 또한 경량부에서 주장하는 세의식 사상도, 사실은 상좌부에서 내세운 것이지만, 이것을 의용하여 일미온이라고 했는데, 무시로 과거로부터 현재에 이르기까지 단절되지 않고 일미로 상속되는 심식을 이와 같이 설정한 데서 그 이유를 찾을 것 같다. 이어서 비유논자와 분별논사들이 무심정의 삼매에서도 세심은 소멸되지 않고 상속된다고 논술하고 있기 때문에, 이러한 내용들을 종합하여 소승불교에서도 아뢰야식을 이미 상정했다고 보는 것이다.

    이 심식을 이숙식이라고 한 것은, 아뢰야식에 소유된 과상을 드러낸 것으로서,[72] 7전식이 인식활동을 하면, 선·악업을 짓게 되어 있는데, 그 결과는 선업은 선과를 낳고, 악업은 악과를 낳지만[善因善果 惡因惡果], 이것들이 아뢰야식에 내장될 때에는 그 선, 악의 성류를 바꾸어서 모두 무기성으로 저장됨을 의미한다. 마치 아뢰야식은 부모와도 같고, 백지장과도 같아서, 모든 선·악업의 기운과 여운 및 습기 등을 손실 없이 간직한다는 것이며, 이러 씨앗들이 다시 현행하여 현상으로 발현될 때에는, 그 첫 업의 습기를 그대로 간직하고 있었기 때문에, 큰 혼란이 없이 콩 심은 데 콩 나고, 팥 심은 데 팥 난다는 것이다.

말하자면, 일체제법은 아뢰야식에 내재되어 있는 종자의 다름이 아니기 때문에, 여기에서는 일체유식조인 것이다. 유식학에서는 마음은 변치 않고 응연하여 제법을 지을 수 없다[眞如凝然 不作諸法]고 여겨서, 일체의 창조자로 심식인 아뢰야식을 주장하여, 뢰야연기설을 표방하는 것이다.

또한 아뢰야식을 일체종자식이라고 하는데, 이 심식은 스스로 모든 존재의 종자를 집지하고 있으면서, 그것들을 불실하지 않고 함유하고 있기 때문이라는 것이다. 이것은 아뢰야식이 소유한 인상을 드러낸 것이다.[73] 그리고 종자식의 능력을 보면, 본식인 아뢰야식 중에서 직접 자류의 과보를 낳은 공능이 있지만 차별성이 있으며, 종자와 아뢰야식 및 그 소생의 과보는 같지도 않고, 또한 다르지도 않다는 것이다. 체성과 작용, 원인과 결과의 이치가 당연히 그러하기 때문이다.[74]

이렇게 종자가 비록 아뢰야식의 체상[自體分]에 의지하지만, 이것은 아뢰야식의 상분으로서 다른 것[見分]이 아니다. 견분은 항상 이것[상분]을 연취해서 경계로 삼기 때문이다.[75]

여기에서 견분과 상분 및 자체분 등의 4분설이 나오는데, 이것은 인식주체에 관한 심층학적인 분석으로서, 주로 주관체의 내용을 구명한 이론이다. 견분은 인식주체로서 아뢰야식의 주관인데, 예를 들면, 물건을 달 때에 사용되는 저울의 錘에 해당되고, 상분은 이러한 견분인 주관심이 그린 경계로서 아뢰야식의 객관인데, 저울에 달릴 물건이다. 이런 2가지가 소의 두 뿔이고, 식물의 어린싹인 두 떡잎이라면, 이들을 지탱해 주는 머리와 싹 대 등에 해당되는 것이 자체분 혹은 자증분으로서, 주관 중의 주관심을 말한다. 여기에 이 자체분을 다시 증지하는 심식이 존재한다고 하는데, 그것을 증자증분이라고 하여, 제3의 인식작용으로 간주하고 있다. 종합하면,

> 轉變이란, 심식 자체[자증분]가 전환되어 두 가지의 심분[상분과 견분]으로 유사하게 나타나는 것을 말하는데, 상분과 견분은 모두 자증분에 의지하여 일어나기 때문이다. 이러한 두 가지에 의거하여 자아와 아법을 시설한다. 저 두 가지[자아와 아법]는 이것들[상분과 견분]을 여의면 의치처가 없기 때문이다.76)

이 내용을 보면, 본래 우리의 심성은 고요하여 분별심이 없는데, 어느 때에 바람이 불어서 파도가 치면 주객미분의 상태에서 주관이 생기고, 주관이 생기면 반드시 객관이 일어나게 되어 있다. 이 2가지는 동시에 일어날 수도 있지만, 어떤 때는 다른 때에 일어난다[相見或同或異].

이렇게 아뢰야식 자체에서 심리가 변환되어 주관과 객관이 발생되면, 바로 이들이 가상인 자아와 아법으로 발현되는 것이다. 이

원리가 유식성의 현현으로서, 만법이 유식이고, 마음 밖에 경계가 별도로 존재하지 않는다는 이치를, 분명하게 인지시켜 주는 내용이라고 하겠다.

이러한 종자는 그러면 선천적으로 본래부터 가지고 태어나는 것인가, 아니면 살아가면서 후천적으로 훈부되어 생성된 것인가 하는 점이 논쟁거리가 되기도 했지만, 법상종에서는 新舊 합생설이라고 하여, 서로 간에 혼합된 성류로 보고 있다. 이 중에서 종자의 本有說, 즉 선천적으로 간직하고 태어난다는 것은, 언제부터인지는 모르지만 이숙식 가운데 자연스럽게 존재하여, 5온과 12처 및 18계, 즉 일체제법을 생성하는데, 그 능력에는 차별성이 있다는 것이다.[77] 新熏說, 즉 후천적으로 살아가면서 새롭게 생성한다는 것은, 어느 때부터인지는 모르지만 자주자주 현행하여 훈습시켜서 조성한다는 것이다.[78]

종합하자면, 이 아뢰야식이 존재함으로 인하여, 일체의 현행에 수순하는 법[종자]을 집지해서, 모든 유정들이 생사에 유전하게끔 된다[79]는 것이다. 그래서 욕계, 색계 등 3계와, 지옥과 아귀 등의 잡거지의 1지와 4禪天 및 4무색천의 9지는 유정[有識]들의 집이고, 5취와 4생은 무명의 과보라는 것[80]이다. 여기에서 有識은 有情을 말한다.[81]

가히 執受와 기세간[處]과 그 식별작용을 알 수 없지만,
항상 접촉과

작의와 감정과 상상 및 생각과 상응하며,
오직 사수[不苦不樂受]이다.

>不可知執受
>處了常與觸
>作意受想思
>相應唯捨受 [第3頌]

이 심식의 소연인 대상은 집수와 기세간[處]인데, 집수는 다시 2가지로 분리해서 마음[種子]과 5근인 有根身으로 나눈다.[82] 여기에서 집수란, 바깥 경계를 접촉할 때에 그 영상과 여운 등을 집지해서 잃어버리지 않고 있다가, 뒤에 그 세력으로 고락 등을 지각하는 것을 말한다. 기세간은 모든 유정들의 소의처로서[83] 현상계를 일컫는다. 여기에서 기세간은 유정들 자신이 그릇과 같이 만든 세계라고 해서 이렇게 명칭한다. 즉, 현상계가 비록 현재 전하더라도 그것은 반연에 불과하고, 그 위에 자신이 한 번 더 그려서 인식하기 때문에, 이것을 기세간이라고 한다. 그런데 그 심리작용들이 아주 미세하게 수시로 활동하기 때문에, 그 원리나 작용들을 온전히 파악하는 것은, 생각 등이 많고 안목 등이 없어서 불가능하다는 입장에서 불가지라고 한다.

이것도 번뇌 심소법과 상응하는데, 단지 접촉과 작의 등의 5변행 심소법뿐으로서, 대상에 대하여 어느 정도의 직관력이 일어났을 때에 가능한데, 그 대상에 주어진 명칭이나 정보 등에 의한 인식을 벗어나서, 대상의 자상을 있는 그대로 직각하는 것을 말한다. 좀 더 살펴보면,

> 그런데 제8식에는 전체적으로 2가지의 위치가 있다. 첫째는 유루법의 것으로서, 무기성에 소섭되어 오직 감촉 등의 5법과만 상응한다. 단지 앞에서 선설했듯이 집수[종자와 유근신]와 기세간[處]만을 반연한다. 둘째는 무루법의 것으로서, 오직 선성만을 소섭하여 21가지의 심소법과 상응한다. 말하자면, 변행과 별경의 각 5가지씩과 선 심소법의 11가지이다.[84]

이라고 논술하는데, 현상계를 현현하는 데는 유루법과 상응하는 것이 요구되는데, 여기서는 특히 그러한 것 가운데서도 무기성으로서, 감촉과 작의 등의 변행법과만 상응한다는 것이다. 다른 한편으로 무루법의 위치에서는 오직 순정한 선성만을 간직한 심소법을 상대하는데, 그것에 해당되는 것이 변행의 5가지와 별경의 5가지, 그리고 선법의 11가지라는 것이다.

그러면 왜 이 아뢰야식은, 변행법을 제외한 다른 심소법과는 상응하지 않는가라는 의심이 생길 수 있다. 만약에 번뇌들과 상응하려

면, 유루위에 있는 아뢰야식이어야 가능한 것으로서, 그 내용을 보면,

> 서로 상위된 성류 때문으로서, (별경의) 욕망의 심소법은 좋아하는 것을 희망하면서 전전하지만, 이 아뢰야식은 자연스럽게 희망하는 것이 없다. ― 기억의 심소법은 오직 일찍이 익혔던 것을 명확하게 하기 위하여 전전하지만, 이 심식은 몽매하고 열등해서 스스로 분명하게 기억하지 못한다.[85]

여기에서 알 수 있듯이, 이 심식은 그 성류가 내문전이기는 하지만, 무엇을 바라거나 옛 일을 기억하는 등의 활동은, 7전식이 아니기 때문에 그들의 습기와 여운 등이 없어서 의식하는 데 몽매하거나 은열하다는 것이다.

나아가 이 심식은 고수와도 상응하지 않고, 낙수와도 상응하지 않아서, 불고불낙수인 사수라는 것이다. 즉, 일상생활에서 그 성향이 고락 등의 감정을 느끼는 것과는 거리가 멀기 때문에, 감각이 비교적 담담한 심리상태를 유지한다고 할 수 있다.

> 이것은 무부무기성이고,
> 접촉 등[遍行法]도 또한 그러하다.
> 언제나 유전함이 폭포수와 같지만,
> 아라한의 지위에서 버려진다.

是無覆無記
觸等亦如是
恒轉如瀑流
阿羅漢位捨 [第4頌]

　　이 아뢰야식을 이숙식이라고 할 때가 있는데, 그 성질을 잘 표현한 내용이 무기성이다. 즉, 전7식이 선악업을 지어서 업력이 강성해졌지만, 그것을 이 장식에게 훈부할 때는 무기성으로 변이[異熟]해서 저장된다는 것이다. 원인은 선악이었지만 결과는 무기성[因是善惡 果是無記]이라는 것이다. 무부성이란, 가림이나 염오되는 것이 아니라는 것인데, 번뇌들과는 직관에서 발휘되는 변행심소를 제외하면, 다른 것들과는 상응하지 않는 것과 같겠다.
　　이것은 중생들의 생명을 유지시켜주는 의식과도 같기 때문에, 몸이 살아 있는 한, 이 심식도 거기에 가탁하여 상주하면서 안위를 같이하는 것이다. 마치 폭포수에서 물이 전멸후생하면서 계속 이어지듯이[恒轉如瀑流], 이것도 그렇다는 것이다. 그런데 이런 아뢰야식이 항상 내재해 있다면 범부의 생활은 끝이 없겠지만, 수행이나 참선을 통해서 마음을 해인과 같이 안정된 상태로 유지시키면, 그때에는 번뇌들이 항복되어서 안개와 같이 사라진다는 것이다. 그러한 경지를 여기서는 아라한의 위치라고 하였다.

즉, 아라한의 위치에 오르면 마침내 버려지는데, 모든 성인들이 일체의 번뇌장을 다 단절하여 멸진했을 때에 아라한이라고 한다[86]는 것이 그 내용이다. 이 경지를 좀 더 관찰하면, 보살의 7지와 2승의 유학위에 이르러서 처음으로 사라진다[87]고 하였다. 여기에서 보살의 7지는 遠行地로서, 보살들이 순수한 無相觀에 안주하여 과거의 세간과 2승의 有相行을 멀리 여의었으므로 이렇게 명칭하는 것이며, 유학위는 4향4과 중에서 무학위인 아라한과를 제외한 나머지의 4향3과의 지위를 말한다.

이러한 아라한이기 때문에 소승불교에서는 최고의 위치로 설정하지만, 대승불교에서는 보살의 8지인 不動地[88] ― 無相한 지혜가 간단없이 일어나서 번뇌 등에 부동하며 안주하므로, 이것을 색자재위라고도 하는데, 마치 천진무구한 행동과 언어 등을 구사하므로 또한 童子地라고도 명칭한다. 이와 같은 의미에 부합해서 보살상을 조성할 때에 동자상으로 한다 ― 이상을 진정한 보살로 여기고,[89] 여래와도 그 경지가 다르다고 한다. 즉, 모든 아라한들과 독각 및 여래는 모두 아뢰야식을 성취하지 못한다. 만약에 보살들이 보리심을 증득했을 때면, 즉시에 번뇌장과 소지장을 단멸해서 아라한과 여래의 지위를 성취하기 때문이다.[90]

여기에서 아뢰야식이란 것은, 아뢰야식의 3위 중에서 최고의 위치인 相續執持位의 것을 가리킨다. 부처님의 경지에서도 아뢰야식 중에는 무루의 종자만을 집지해서 함유하고 있는데, 이때의 아뢰야식을 특히 阿陀那[執持]라고 하므로, 이러한 의미를 가리키는 것 같다.

그런데 이 아타나식을 법상종에서는 이렇게 아마라식과 유사한 것으로 간주하지만, 지론종과 섭론종 및 천태종 등에서는 자아를 집지하는 것으로 보아, 제7 말나식의 별칭으로 여겨서 상당한 괴리감이 있다. 즉, 『전식론』에 보면,

> 능연하는 심식에는 3가지가 있다. 첫째는 과보식인 아리야식이고, 둘째는 집지식인 아나타식이며, 셋째는 객진식인 諸6식이다. — 이 심식[아리야식]에 의연하여 제2의 집지식이 존재한다. 이 심식은 집착으로서 체성을 삼아 4번뇌의 법상과 함께 상응하는데, 그것은 첫째가 무명이고, 둘째가 아견이며, 셋째가 아만이고, 넷째가 아애이다. 그리고 이 심식은 유부무기성이다.[91]

라는 것인데, 진제의 이러한 해석은 무형상 유식론의 입장이어서 해석한 것이고, 반면에 호법 계통의 유형상 유식론에서는 아타나식을 무루법의 것으로 인정한다.

참고로 아뢰야식의 3위치를 살펴보면, 중생들로부터 보살의 7지에 이르기까지는 아직도 아애 등의 번뇌가 활동하므로, 이러한 지위를 아애집장현행위라고 하며, 이때의 심식을 아뢰야라고 한다. 보

살의 8지부터 10지까지의 경지에도 전생의 선·악업의 과보가 상속되고 있으므로, 이때의 것을 비파카라고 한다. 따라서 범부와 2승의 유학위와 7지 이전의 보살들은 아뢰야와 비파카 및 아타나 등의 3가지의 것을 전부 함유하고 있지만, 8지 이상의 보살들은 비파가와 아나타의 2가지만을 함유하고 있으며, 부처님은 오로지 아타나식 한 심성만을 함장하고 있다는 것이다.

(3) 심식의 인식활동

① 4분설

유식교학에서 이 四分說과 三類境說 ― 인식주관과 소연경인 객관의 종류와 그 성류를, 본질인 性境과 견분의 잘못된 영상인 獨影境 및 본질을 携帶하나 본질이 아닌 帶質境 등의 3가지로 분류한 것 ― 을 이해하면, 유식사상의 반절은 이해한 것이나 다름이 없다는 의미[四分三類唯識半學]에서, 이 학설을 유식사상의 半學이라고 한다.

4분설은 현상계의 일체법이, 오직 우리 각자가 가지고 있는 알음알이로부터, 변현된 것이라는 원리를 자세하게 밝힌 내용이다. 이를테면, 인식주체에 관한 심층분석학적인 이론으로서, 능연심인 주관체의 심리상태를 구명하고, 그것이 인식해가는 과정을 4단계로 나누어서 고찰한 것이다.

즉, 『성유식론』의 논술에 의한다면,

> 그런데 유루식 자체가 발생될 때에는, 모두 것이 대상과 주관에 유사한 형상으로 나타나는데, 저의 상응법인 심소법도 당연히 그러함을 알아야 한다. 대상의 형상과 유사하게 나타나는 것을 상분이라 하고, 주관과 유사하게 나타나는 것을 견분이라 한다.[92]

라고 함에서 알 수 있듯이, 마음 밖에 별도로 경계가 존재하지 않다는 것을, 가장 잘 선설한 교의가 이 4분설이다. 즉, 우리들이 소유하고 있는 심식, 그것이 전변될 때에 소연인 객관과 능연인 주관의 2가지로 변현된다거나, 심왕과 심소법에서 주관과 객관의 활동을 면밀하게 분석한 것이 4분설이다.

첫째로 상분은 우리들의 마음 안에 그려진 경계를 일컫는다. 이를테면, 우리가 대상을 인식할 때에 겉으로 드러난 사물을 그대로 인식하는 것이 아니고, 인식대상을 일단 마음 속에 그리고 난 후에, 그 영상을 인식하는 것을 말한다. 이때에 그려진 그림자를 상분[객관]이라 한다. 또한 능연심과 소연경인 대상과의 사이에 일어나는 영상을 일러서 상분이라고 하는데, 이것은 아뢰야식이 객관화된 것으로서 견분의 대상이 된다. 즉,

> 그런데 유루식이 자체적으로 발생될 때에는, 모두 객관과 주
> 관의 형상과 유사하게 나타나는데, 저 상응하는 법[심소법]도
> 당연히 그러함을 알아야 한다. 객관의 형상과 유사하게 나타
> 나는 것을 상분이라 한다.93)

라는 내용에서 보면, 이러한 인식활동이 일어날 때에는, 무루심의 상태에서 일어나는 것이 아니고, 번뇌를 소지하고 있는 유루법의 상태에서 행상할 때에 염오된 심식이 활동하는데, 그때에 견분이라는 주관심도 발생되지만, 반드시 그 대상인 객관의 영상도 함께 일어나는 것을 상분이라 한다.

　둘째로 유루법에서 발생된 상분에 대한 인식주체를 견분[주관]이라 한다. 즉, 마음이 활동할 적에 상분을 변현시키는[거울에 그림자] 동시에, 그것을 인식하는 심체가 생기는데, 이때의 심식을 견분이라 한다.94) 예를 들어, 저울에 물건을 달 경우에 달아지는 물건은 상분이고, 그것을 다는 저울의 추는 견분이다. 말하자면, 아뢰야식의 주관으로서 견문각지하는 활동을 일컬으며, 거울에 그림자를 비치게 하는[照明] 역할 등도 한다.

　이러한 견분은 3량설 중에서 현량, 比量 및 非量에 모두 상통하는 성류를 가졌지만, 순수한 마음의 본체는 아닌데, 그 이유는 바깥 경계를 대상으로 삼았기 때문이다.

　이 2가지의 심식을 종합하면, 마음의 종자가 비록 아뢰야식의

체성에 의지하지만, 이것은 이 심식의 상분에 불과하지 다른 것이 아니다. 견분이 언제나 이것[상분]을 연취해서 대상으로 삼기 때문이다.[95] 그러므로 진실한 객관은 없고 상분만 있으며, 진실한 주관은 없고 견분만 있는 것이다.

일찍이 이러한 심식에서 이 상분과 견분의 2가지의 활동만으로도 충분하다는 견해를 밝힌 논사들은, 덕혜, 정월, 화변, 친승 및 난타 등이었다.

셋째로 자증분은 자체분이라고도 하는데, 이것은 견분의 깊은 곳에 있으면서 견분이 상분을 인식할 때에, 그 인식적인 판단을 착오 없이 감시하는 주관 중의 주관심을 말한다. 이를테면, 우리의 마음이 일어났을 적에 이것을 통각적으로 증지하는 마음을 가리키며, 견분을 증명하는 또 다른 마음의 한 갈래를 일컫는다. 마치 이것은 소의 머리[牛頭]와 새싹의 떡잎[太芽]에 있어서, 소의 양 뿔과 새싹의 양 잎은 상분과 견분에 해당되고, 머리 전체와 떡잎 전체는 자증분에 해당된다는 것이다. 비유하자면, 거울과 저울 자체를 말한다. 이와 같은 내용을 보면,

> 전변이란, 심식 자체[자증분]가 전환되어 2가지의 심분[상분과 견분]으로 유사하게 나타나는 것을 말하는데, 상분과 견분이 모두 자증분에 의지하여 일어나기 때문이다. 이러한 2가

지에 의하여 자아와 아법을 시설한다.[96]

라고 논술한 데서, 그 내용을 확실하게 알 수 있다. 더 나아가 견분을 인식활동인 행상으로 본, 다음의 내용이 관심을 끈다.

상분은 바로 소연이고, 견분은 행상이다. 상분과 견분은 자체라는 것에 의지하는데, 바로 자증분을 말한다.[97]

일찍이 안혜 논사는 이 자증분 한 심분만으로 모든 인식이 가능하다고 하였으나, 진나와 호월 등은 이제까지의 3심분, 즉 상분과 견분 및 자증분의 모두가 일어나야만 인식활동이 성립된다고 주장하였다.

넷째로 증자증분은 자증분의 인식작용을 또 다시 소연작용으로 삼는 第3重의 인식활동을 말한다. 말하자면, 이 심분은 자증분을 증명하는 주관심인 동시에 그 결과이기 때문에, 만약에 이것이 존재하지 않는다면, 자증분이 무엇을 소의로 존립할 수 있는가 하는 의문이 생길 수 있으므로, 그 해결을 위해서도 이것의 존재가 인정된다는 것이다. 즉,

다시 제4의 증자증분이 존재하는데[호법], 만약에 이것이 존재하지 않다면, 무엇이 제3의 자증분을 증명하겠는가. 심분

은 동일한 것이므로 당연히 모두 증명되어야 하기 때문이다.98)

라고 논술한 데서 알 수 있듯이, 증자증분도 반드시 존재해야 할 이치를 상세하게 해설하고 있다.

견분은 이미 모름지기 자증분으로서 증명되었으므로, 곧 자증분도 또한 반드시 증자증분으로서 증명이 되어야 한다는 것이다.99)

말하자면, 견분이 상분을 소연으로 한 양과가 자증분이듯이, 자증분이 견분을 소연경으로 하여 헤아려진 결과가 존재해야 되는데, 이것이 바로 증자증분이라는 것이다. 그렇지만, 이 증자증분의 소의, 즉 양과로서 제5의 심식도 상정될 수 있지만, 제3 자증분과 제4 증자증분은 다 같이 마음 안의 심분이고, 서로 소의와 양과가 되어서, 더 이상의 심분은 필요하지 않다는 것이다.

또한 이와 같이 자증분과 증자증분이 서로 소의가 되고 증지가 된다면, 견분과 자증분 사이에도 相依相證하게 될 것이 아닌가 하는 의문이 있을 수 있다. 이에 관하여,

이 4분설 가운데서 앞의 상분과 견분 2가지는 밖으로 전전하

고, 뒤의 자증분과 증자증분의 2가지는 안으로 전전한다.[100]

라고 설명되어 있는 바와 같이, 상분과 견분은 오직 바깥 경계만을 능연할 뿐이고, 자증분과 증자증분은 심식의 깊은 곳에서 능연작용을 한다는 것이다. 말하자면, 상분은 오로지 소연경만이 될 뿐이며, 견분은 능연의 작용은 있으나 그 대상은 밖의 상분이라는 것이다.

그리고 4분설 중에서 견분이 외계의 대상을 반연하므로 순수하지 못한 심분인 반면에, 자증분은 능연심인 견분과 증자증분만을 인연하는 현량지이고, 증자증분 또한 오직 자증분만을 인연하는 현량지이므로, 이들 두 심분이 마음의 진실한 본체라는 것이다.

이제까지 4가지의 모든 심분활동을 인정한 것은, 호법과 승우, 승자, 친광 및 지월 논사 등인데, 특히 호법은 4분 중에서도 상분, 견분 및 자증분의 3가지는 유식상에 해당되고, 증자증분만은 유식성에 해당된다고 하였다.

이러한 4분설에 관한 여러 논사들의 주장을 종합하여, 일찍부터 유식가에서 "安, 難, 陣, 護의 1, 2, 3, 4"라고 요약하여 불렀다. 즉, 그 내용을 보면,

현장 삼장이 말하기를, 안혜는 오직 자증분 하나만을 주장하고, 화변과 친승은 상분과 견분을 주장했다. 이러한 저 3가지

를 제외하고, 다른 논사들은 함께 해석했는데, 호법과 친광은 4분설을 세웠지만, 또한 진나의 3분설을 인정한 것이다. (왜냐하면) 제3 자증분 안에 제4 증자증분이 포함되기 때문이라는 것이다.101)

이와 같은 주장들을 보면, 이 4분설에 관하여 많은 논사들이 세심한 관심을 가지고 사찰한 것 같으며, 그러한 경향은 이 4분설이 유식교학에서 중요한 위치를 차지하고 있다는 것을 반증하는 것이기도 한 것이다.

② 3자성설

우리의 삶에서 올바른 길을 인도하는 교훈적인 내용을 담고 있는 불교경전은, 부처님께서 그것을 언제 설파하셨는가에 따라서 방편적으로 달라지고 있다.

그 제1시에는 모든 존재는 인연에 의하여 성립된 것이므로 실체가 없지만, 그것을 구성하고 있는 요소와 작용 및 성취 등은 존재한다는 의미에서 실유라고 하셨다. 이때를 아함시 혹은 有敎時代라고 하는데, 그 구체적인 내용이 성문승들에게 사성제설로 교설되고 있다.

즉, 사성제 중에서 고제와 집제에서는 유루의 인과관계로서, 번뇌와 업, 고 및 12인연 등으로 말미암아 5취의 중생들이, 3계에 생사유전한다는 인과법을 보여주는 것이고, 멸제와 도제는 무루의 인과

관계로서, 4향4과의 증득을 위해 단혹하여 무여열반에 드는 과정을 보인 것이다. 말하자면, 이 시기는 중생들의 아집을 타파하여 열반으로 인도하는 내용이지만, 아직도 법집을 깨지 못하기 때문에 결국 유교에 머물고 있다는 것이다.

제2시는 이 현상계의 모든 것은 인연에 따라서 일시적으로 가립된 존재이기 때문에, 그 자성이 없어서 공허하다는 空敎는 반야경류의 교설을 일컫는다. 여기에서는 대승에 나아갈 사람들을 위하여, 일체제법의 무자성의 원리를 은밀하게 교설하여, 법집을 타파하려는 취지이므로 공교로 불렀다.

제3시는 『화엄경』이나 『해심밀경』 등의 교설과 같이, 분명하게 공의 참뜻을 드러내기 위하여, 널리 3승인들에게 일체제법의 무자성뿐만이 아니라, 불생불멸, 본래적정 및 3성3무성 등의 원리를 설시하였다. 이러한 교설은 유교와 공교를 부정하여, 긍정적으로 중도사상을 현료하는 가르침이기 때문에 중도교라고 한다.

이상과 같이 제1시와 제2시의 가르침은, 은밀하게 방편상 전하는 미완성의 교설이므로, 이것을 미료의교라고 하는 반면에, 제3시의 가르침은 3승을 그 대상으로 하며, 3성과 3무성의 이치를 개진하여, 일체법이 비유비공인 도리를 극명하게 밝히는 중도교이므로 요의교라는 것이다.

이러한 중도사상을 어느 종파보다도 철저하고 합리적으로 밝히는 데 있어서, 그 구체적인 내용이 다름 아닌 3자성설과 3무자성설이다. 여기에서는 『중론』 등에서 인연소생의 제법이 어째서 공이며 가유이고, 나아가서 중도인지를 밝히지 못한 것을 철저하게 고찰하여 드러낸다.

먼저 3자성설은 현상계를 그 성립된 성질에 따라서 3가지로 나눈 것으로서, 일단 현상계가 존재한다는 관점에서 제법을 분류한 것을 말한다. 말하자면, 모든 존재의 본성이나 사물이 존재하는 상태를 空義[無], 假義[有] 및 中道義[非有非無]라는 3가지의 관점에서 분류한 것이지만, 실제로는 5위 백법의 실상을 관찰하기 위한 의도에서 성립된 이론이다.

저것과 저것의 변계에 의지하여
갖가지의 체상들이 변계되므로,
이러한 변계소집의 것은
그 자성이 없는 것이다.

> 由彼彼遍計
> 遍計種種物
> 此遍計所執
> 自性無所有 [第20頌]

첫째로 변계소집성은, 일상생활에서 사물을 인식할 때에, 미망한 소견으로 실체가 없는 것을 있는 것처럼 잘못 알아서 나타나는 일체의 사물을 가리킨다. 마치 어느 석양에 나그네가 길을 가다가, 길 한가운데에 가로놓여 있는 뱀을 보고서 흠칫 놀라서 뒤로 물러섰는데, 한참을 지나서도 그 뱀이 움직이지 않으므로, 궁금하여 가까이 가서 보았더니, 뱀이 아니라 짚으로 만든 새끼줄이었다는 것이다. 이와 같이 범부들이 잡념과 혼미한 생각 등으로 대상을 자기 마음대로 헤아려서, 그것이 실제로 존재하는 것처럼 여기는 것을 말한다. 즉,

> 두루 헤아리기 때문에 변계라고 하며, 그 종류가 많으므로 저와 저것이라고 한다. 이것이 능변계의 허망한 분별이니, 저와 저것들의 허망한 분별로 갖가지의 변계되는 사물들이 헤아려진다. 망집된 온, 처, 계 등의 제법이나 자아의 자성차별을 말한다. 이렇게 망집된 자성차별을 전체적으로 변계소집의 자성이라 하지만, 이와 같은 자성은 모두가 존재하지 않는 것이다.[102]

라고 설명되어 있는 바와 같이, 주관체인 심왕과 이에 상응하는 심소법은, 어느 곳과 어느 때를 가리지 않고 두루 대상을 변계하여 인식하지만, 그와 같이 인식된 대상은 그 자성이 없기 때문에, 실재하지 않고 허망한 존재라는 것이 변계소집성의 정의이다.

의타기성의 자성은

분별의 인연으로 일어난다.

> 依他起自性
>
> 分別緣所生 [第21頌]

둘째의 의타기성은, 우리가 살고 있는 이 기세간의 모든 존재는, 서로 다른 인연에 의하여 생긴 상호 의존성의 일시적인 형상에 불과하다는 것이다. 이를테면, 길에서 새끼줄을 잘못 보아 뱀으로 착각했지만, 새끼줄 자체도 본래부터 존재했던 것이 아니고, 짚이나 삼[麻]을 재료로 하여, 인력으로 만든 일과성의 것에 불과하다는 것이다. 그러므로 구태여 모든 존재의 자성을 찾는다면, 연기성이 바로 자성이라고 한다[緣起爲諸法之自性]. 즉,

> 여러 인연에 의하여 발생된 심왕과 심소법의 자체 및 상분과 견분은, 그것이 유루법이든 무루법이든 모두가 의타기성으로서, 다른 많은 인연에 의지해야만 일어나기 때문이다. 30게송에서 분별심을 반연으로 하여 일어난다는 것은, 당연히 잡염된 부분에 의한 의타기성을 말하는 것임을 알아야 한다. 청정한 부분의 의타기성은 원성실성이기 때문이다. 혹은 모든 잡념과 청정한 심왕과 심소법을 모두 분별심이라고도 하는

데, 능연심이 연려한 것이기 때문이다. 이렇게 일체의 잡염법
과 청정법의 의타기법성은 모두, 이 가운데의 의타기성에 포
함되는 것이다.103)

라고 논술되어 있는 바와 같이, 일체제법이 발생되는 것은 많은 인연이 서로 화합하여 되는 것이므로 인연소생이라 하며, 그 범위는 심왕과 심소법의 상분인 산천초목과 견분인 유정의 주관심 등 모든 유루법은 물론이고, 무루법까지도 이에 속한다는 것이다. 그리고 의타기성에는 잡염적인 부분과 청정한 부분이 있어서, 이 전체를 모두 의타기성의 것으로 여기는 견해도 있지만, 대개는 잡염분의 것만을 의타기성의 것으로 본다.

> 원성실성은 저것[의타기성]에서
> 항상 앞의 것[변계]을 원리한 성품이다.
> 그러므로 이것[圓成]과 의타기성은
> 다르지도 않고 다르지 않는 것도 아니다.
> 마치 무상[無我, 空] 등의 성품과 같으니
> 이것[圓成]을 조견하지 못하면, 저것[依他]도 알 수가 없다.

> 圓成實於彼
> 常遠離前性 [第21頌]

故此與依他

非異非不異

如無常等性

非不見此彼 [第22頌]

셋째로 원성실성은 모든 존재의 참다운 성품을 말하는 것으로서, 현상계의 원리나 본체와 같이 원만하게 이루어진 진실된 것, 즉 진리와 진여성 등 일체의 실체를 일컫는다. 즉,

> 아공과 법공의 2가지의 공성으로 드러내지고, 원만하게 성취된 제법의 실성을 원성실성이라 한다. 이것은 두루 하고 항상하며, 체성이 공허하거나 오류가 없음을 나타내고, 자상과 공상, 허공과 자아 등을 간택한다. 청정분인 무루의 유위는 전도된 망상을 여읜 궁극적인 것이며, 수승한 작용이 널리 두루하므로 또한 이렇게 명칭한다. 그러나 지금의 게송 가운데서는 진여와 원성실성을 말하는 것이지, 무루의 유위를 말한 것이 아니다. 이것은 바로 저 의타기성에서 항상 앞의 변계소집성을 멀리 여의고, 2가지의 공성으로 드러나는 진여를 자성으로 삼는다.[104]

라고 논술에서 알 수 있듯이, 원성실성이란 모든 존재에 두루 상주하

며, 체성이 공허하거나 오류성의 것이 아닌 것으로서, 소승이나 외도들이 주장하는 실아성의 신아와, 실과 덕 및 업이 하나의 유로 된 大有 등으로서, 제법의 실상으로 삼는 것과는 달리, 진여의 법성을 자성으로 삼는다는 것이다. 이러한 원성실성은 의타기성과는 하나도 아니고, 그렇다고 다른 것도 아닌 관계이다. 즉,

> 게송에서 저것이라고 한 것은, 원성실성은 의타기성과는 相卽하는 것도 아니고, 遠離하는 것도 아닌 것을 나타내고, 항상 원리한다는 것은, 허망하게 집착된 능취와 소취의 성류는, 그 이치가 항상 존재하는 것이 아니라는 것을 표현한 것이다.[105]

말하자면, 의타기성의 청정한 부분이 원성실성이므로,[106] 이것은 법상과 법성의 관계와도 같은 것이다. 앞의 뱀의 이야기에서 본다면, 원성실성은 새끼줄을 구성하고 있는 색, 향, 미, 촉의 4가지의 요소가 만든 삼[麻]에 불과하다는 것이다.

결론적으로 지혜가 없는 미혹한 범부는 허망된 감정에서 생활을 하므로, 이때에 실법에 관한 주관적인 집착이 변계소집성이고, 주위에 엄연히 존재하는 사실들을 객관적으로 살펴 본 것이 의타기성이며, 이러한 의타기성의 본질은 바로 원성실성의 세계라는 것이다. 즉, 3자성설은 하나의 개체상에 나타난 3가지의 모습을, 그 성류

에 따라서 고찰한 것이므로, 새롭게 이것들을 살피는 안목과 지혜 등이 필요하다는 것을 일깨워주는 내용이라고 하겠다.

나아가서 모든 것에서, 변계소집성의 것은 본래 공인 것이고, 의타기성의 것은 가유이며, 원성실성의 것은 실유인데, 이렇게 한 존재에 3가지의 성품이 있는 것은, 그렇다면 유도 아니고 공도 아닌 비유비공의 존재이므로, 이러한 원리를 3성대망중도라고 한다. 유식교학도 그 최고의 종착지로서, 역시 유식중도의 지향점을 대망으로 하고 있는 교의이다.

③ 3무성설

범부들이 살고 있는 현실 세계를 그 성질에 의하여 3가지로 나누어서 고찰한 것이 3자성설이라면, 이 3무자성설은 이러한 현상계의 이면에서 작용하는 원리와 법칙인 본체계에 관한 고찰을 말한다. 본래 모든 존재는 그 자성이 없다는 무자성설에 의거하여 일체제법을 분류한 것이다. 즉,

> 너희는 응당히 잘 들어라. 내가 그대들을 위하여, 일체제법은 모두가 그 자성이 없고, 생멸이 없으며, 본래 적정하여, 자성이 곧 열반이라고 한 비밀스러운 의미를 해석하리다. 승의생 보살은 마땅히 알아. 나는 3가지의 무자성에 관한 밀의설에 의거하여, 일체제법은 모두가 자성이 없다고 말하는 것이다.

말하자면, 형상의 무자성, 생성의 무자성 및 승의의 무자성이 그것이다.107)

라고 논술에서 알 수 있는 것과 같이, 기세간인 현실 세계를 유심히 안목을 가지고 관찰해 보면, 모든 존재는 그 자성이 없고, 영원히 생성되거나 소멸됨도 없으며, 본래 그대로 여여하여 자성이 청정하며, 열반의 상태와 같이 적정하다는 것이다. 즉, 구름이 오고 가지만 하늘은 본래 조용하고, 꽃이 피고 지지만 나무는 본래 그대로다108)라는 내용과도 같다.

바로 이러한 3가지의 자성에 의거하여,
저 3가지의 무자성을 건립하는 것이다.
그러므로 부처님께서 밀의로써
일체법은 자성이 없다고 하신다.

即依此三性
立彼三無性
故佛密意說
一切法無性 [第23頌]

다시 말하자면, 진리에 입각한 본체계의 원리에서 현상계를 관찰해 보면, 모든 것이 존재한다고 하지만, 실제로는 존재하지 않는 일시적인 변계소집성의 것이요, 나아가 환상이나 착각과 같이 그 자성이 없는 의타기성의 것이며, 사물의 본래의 바탕에는 어떤 형상이나 색깔, 아름답거나 추함 등이 없음을 직관케 하려는 것이 원성실성임을 강조한다. 지혜와 안목 등을 가지고 우리 생활에서, 원리와 법칙성 등을 체득케 권장하는 것이 이 3무자성설이라 하겠다.

처음의 것[遍計]은 상무성이고,

初卽相無性 [第24頌]

첫째로 상무자성은, 현상계를 그 성립된 성류에 의거하여 3가지로 나눈 3종자성 중에서, 두루 하는 생각과 기억 등으로 계탁해서 이루어진 변계소집성의 것은, 혼미한 감정을 소유한 유정들 앞에 나타난 한 그림자에 불과하다는 것[109] ─ 蛇,繩,麻의 비유에서, 새끼를 잘못 보아 뱀으로 여겼지만, 뱀 그 자체도 자성은 없다는 것 ─ 으로서, 모든 존재는 그 자체의 형상이 고정되어 있는 것이 아니라, 시간과 기온 등에 따라서 변화와 변천을 계속하므로 고정된 불변의 것은 없다고 정의하는 것이다.

다음의 것[依他]은 무자연성이며.

次無自然性 [第24頌]

둘째로 생무자성이란, 여러 가지의 인연과 조건 등에 의하여 생성된 것들은 일시적으로 가립된 의타기성의 것이다. 그러므로 한시적으로 나타난 형상에 불과하여, 진실로 발생된 것이 아니며, 그 성품 자체도 존재하지 않다는 것110) — 새끼는 짚과 사람의 힘으로 만들어진 것이어서 실체가 없다 — 으로서, 어떤 것이든 항존성과 독립성 등을 가지고 생성된 것 같지만, 그 생성 자체가 인연법에 따른 임시적인 존재이므로, 꼭 무엇이 존재한다고 가정한다면, 그러한 것은 없고, 인연이 있느냐 없느냐의 문제라는 것이다.

뒤의 것[圓成]은 앞[遍計]의 것에서
집착된 자아와 아법을 멀리 여읜 것에 의거한 실성이다.
이것은 모든 존재의 승의이며,

後由遠離前
所執我法性 [第24頌]
此諸法勝義 [第25頌]

셋째로 승의무성이란, 변계소집성의 것들은 일시로 가립된 것이어서 그 실체가 없고, 의타기성의 것들은 인연법에 따라서 임시로 존재하는 것이어서 역시 그 실체가 없다. 만약에 그것들의 존재를 안목 등을 가지고 잘 관찰한다면, 이러한 현상계를 작동케 하는 불변하는 어떤 것이 상정되는데, 그것이 바로 원리이고 원칙인 진리와 같은 것이 아니겠느냐 하는 것이다. 이것을 승의라고 해서, 진여와 같은 의미로 취급한다.

3자성설에서 모든 존재의 근본원리를 원성실성한 것으로 인정할 때에, 승의 무자성이 바로 이것의 의미로 차용되는데,[111] 그 자체는 진리여서 어떠한 자성도 가지고 있지 않다는 것이다. 즉, 짚에서 새끼와 뱀의 모양을 인정하기 어려운 것과 같이, 본래 사물의 근본성을 여기서 승의무자성이라고 한다. 이것은 의타기성과 일부는 상통하는데, 의타기성의 염오분과 청정분 중에서 자연의 원리, 원칙인 것이 청정분이기 때문이다.

2) 무위법

먼저 논장에서 정의되고 있는 무위법을 알아보면,

경전에서, 허공 등의 모든 무위법이 존재한다는 교설에는, 대

략 2가지가 있다. 첫째는 심식의 전변에 의지하여 가설로서 존재한다고 시설한다. 이를테면, 일찍이 허공 등이 존재한다고 선설하는 명칭을 듣고서 따라서 분별하여, 허공 등의 형상이 존재한다고 자주 훈습한 세력 때문에,112) 마음 등이 일어날 때에 허공 등의 무위법과 유사한 형상이 나타난다. 이 나타난 형상은 전후로 서로 유사하여 변역됨이 없으므로, 가설로서 항상 하다고 한 것이다. 둘째는 법성에 의지하여 가설로서 존재한다고 시설한다. 이를테면, 공성이나 무아로 나타내지는 진여는, 존재하거나 존재하지 않으며, 존재하거나 않기도 하고, 존재하지도 않는 것도 아닌 것으로서, 심행과 언어의 수단이 단절되어서, 일체법과는 하나이거나 다른 것 등도 아닌 것이다. 이것이 제법의 진실한 이치이기 때문에 법성이라고 한다는 것이다.113)

범부들이 자기 마음대로 그릇을 만들듯이 발생시킨 기세간, 즉 현상계에서 항상 생멸 변화하는 유위법의 세계를 벗어나, 독립적으로 자존하거나 불멸하는 순수한 정신세계를 무위법의 세계라고 한다. 모든 존재의 근본인 법성을 말하는 것으로서, 일체 유위법의 소의처가 된다.

그러므로 유위법은 事相이요, 무위법은 理體로서, 이에는 불생, 불멸, 무작용, 상주불멸, 평등, 무차별 등의 성질을 가지고 있다. 이것은 허망하지 않고 진실한 것이며, 쉽게 변이하지 않아 如常한 것이므로, 이것을 또한 진여라고도 한다.

그런데 이러한 진여와 지혜 등을 마음에서 인지할 수 있는 것은, 다름 아닌 심식의 전변에 의한다고 한다. 그 내용을 보면,

> 지혜가 비록 심식은 아니지만, 그러나 심식의 전전에 의지해서 심식을 주체로 삼기 때문에, 심식을 전환해서 증득한다고 한다. 또한 유루의 지위에서는 지혜는 열등하고 심식은 강력하며, 무루의 지위에서는 지혜가 강력하고 심식은 열등하다.[114]

라는 것에서 볼 때에, 지식은 많이 쌓여도 오히려 병이 되는 것이요, 때가 되면 언제 그랬냐는 듯이 사라지지만, 지혜는 한 번 오면 영원히 가지 않는다고 한다. 이러한 지혜이지만 이것을 증득하는 것은, 지혜 자체가 아니라 사람인 이상 우리가 이것을 얻지 못하면, 지혜도 없는 것이나 마찬가지이다.[115]

이런 활동을 여기에서 심식의 전전이라고 한다. 이렇게 지혜를 얻으려면 마음을 전환하는 수밖에 없는데, 그것은 수행을 요구하는 것이기도 한 것이다. 수행하지 않고 믿기만 하면, 맹신이나 미신에 빠지기 쉽다. 반면에 이치 등을 알고서도 실천 수행치 않으면, 머리만 번거로울 뿐이다.

이러한 불변의 개념에 상당하는 것이 무위법으로서, 곧 不動, 虛空, 想受滅 및 擇滅 등으로, 그 명칭만 다를 뿐이지 의미는 같다.

첫째로 허공은, 부처님의 지혜는 광대하여 허공과도 같다고 한다. 이러한 허공은 그 자성이 어디에도 걸림이 없는 것이므로 무애로서 자성으로 삼는데, 장애가 없기 때문에 물질이 이 가운데서 자유롭게 활동한다[116]는 것이다. 말하자면, 색은 그 자성 중의 하나가 장애성이 있기 때문에 항상 걸림이 있지만, 허공은 그러한 성류가 없기 때문에 그 가운데서 자유자재로 활동한다는 것이다. 마치 모든 구속을 벗어난 마음이 되면, 그 행동이 자유자재한 경지와 같다고 하겠다.[117]

이렇게 다른 것들에 의하여 장애되지도 않고, 또 다른 것들을 장애하지도 않으면서,[118] 오히려 일체의 만유를 능히 포용하여 자유자재하게 하는 상주불변하는 공간적인 실체를 허공이라 한다. 이러한 성류가 마치 진리나 진여와 같기 때문에, 허공을 이들에 비유하여 표현한 것이다.

둘째로 택멸은, 유위법의 세계를 멀리 여의어 어디에도 구속되지 않아서[離繫], 진리 안의 상태와 같이 마음이 편안하고, 행동이 자유스러운 것을, 그 성품과 경지에 따라서 택멸로 간주하는 것이다.

말하자면, 일상생활에서 무슨 일이 일어났을 때에, 그것을 지혜로서 아주 잘 선택해서, 영원히 다시는 일어나지 않게끔 하는 것을 여기서 택멸이라고 한다. 사건이나 일이 잠시 안 일어나게 하지만, 다시 일어나는 것은 지식과 경험의 산물이다.

여기서 택이란 선택과 간택의 뜻으로서, 무루의 지혜력을 말하는 것이며, 멸이란 적멸의 뜻으로서, 일체 번뇌의 계박을 여읜 열반의 상태를 말한다. 즉, 그 내용을 보면,

> 택멸은 구속을 여의는 것으로써 자성으로 삼는데, 모든 유루법의 계박을 멀리 여의어서 해탈을 증득했기 때문에 택멸이라고 한다. 여기서 택이란 간택으로서 곧 지혜의 차별이다. 각각 별도로 4성제를 간택하기 때문이다. 간택한 역량으로 증득된 적멸을 택멸이라고 한다.[119]

여기에 알 수 있는 것은, 택멸이 지혜와도 같은데, 그것은 이것들이 각각 다르게 4성제를 간택했기 때문이며, 모든 번뇌들의 속박을 여의고서 해탈을 증지하므로, 이렇게 명칭하는 것이다.

그러므로 오직 선성이며, 무루법에 상주하는 경지이다. 정의한다면, 간택력으로 증지된 적멸의 세계이다. 사건이 일어났을 경우에 이것을 지혜의 힘에 의하여 잘 해결해서, 속박과 번민 등을 벗어났으므로, 이것을 이계라고도 하는 것이다.

셋째로 非擇滅은, 본래부터 자성이 청정하여 움직이지 않았고, 변화와 변천이 없는 경지를 말한다. 즉,

> 간택력에 의거하지 않고, 본래의 성품이 청정한 것이며, 혹은

인연이 궐여되어서 나타난 것이기 때문에 비택멸이라고 한다.[120]

현상계의 유위법은 그 인연이 결여되었을 때에는 불생하게 되어, 이 세상에 나타나지 않고 그대로 영원하게 된다. 이 경우에 진리와 같이 그 성향이 항구불멸하므로, 진여의 세계에 귀속시키는 것이다. 말하자면, 불생했으므로 불멸하는 법체인 것이다. 그래서 무루지인 지혜력[택멸]에 의한 적멸과는 다르다.

일체의 제법은 현재에 생기되기 전에는 모두가 미래위에 잡란하게 존재하고 있을 것인데, 그것이 현재위에서 생기하는 데는 여러 가지의 생연을 얻어서 비로소 가능한 것이다. 생기해서는 잠시 머물고는 다시 즉시로 과거로 낙사되어버리는 것이다. 이때에 인연을 못 만난 법은, 그대로 오래도록 미래위에 머물 것이므로, 이러한 것은 우리의 지혜조차도 필요가 없다는 의미에서, 이것을 비택멸이라고 한다.

현재에 생겨날 미래의 잡란성의 것으로서, 만약에 그것이 인연을 얻지 못할 때에는, 그 불생한 법은 영구히 미래위에 머물러서 현재 전할 수가 없으니, 이러한 법을 가리켜서 인연이 결여된 불생법이라 하거나, 필경의 불생법이라고 한다.

예를 들면, 안식이 여러 색 중에서 적색만을 주시하고 있을 때에

는, 기타의 청색과 황색 등의 색깔은 영원히 현재에 나타나지 못하고 과거로 낙사되어버리는 것과 같다. 즉,

> 마치 안식과 의식이 한 색깔만을 전념했을 때에는, 다른 물질과 소리와 향기와 맛, 감촉 등은 그대로 낙사되어버린다. 그러한 경계를 반연하는 5식 등은 미래세에 머물러서 필경에 발생되지 않게 된다.[121]

말하자면, 항상 존재하는 경계는 형상이 없는 것이고, 항상 하는 지혜는 인연이 없는 것이다[常境은 無相이고, 常智는 無緣이다]라는 이치와도 같겠다.

넷째로 부동이란, 고수와 낙수가 멸진되었기 때문에 부동이라고 하는데,[122] 마음이 산란한 상태를 벗어나서, 오직 평등심, 즉 捨心에 머물러 있기 때문[安定]에 이런 경지를 부동[不動心]이라고 한다. 그리하여 진리의 세계에 있는 것이나 다름이 없으므로, 이것을 지혜의 위치인 무위법에 귀속시키는 것이다.

다섯째로 상수멸이란, 상상하는 감정이 현행하지 않기 때문에 이렇게 명칭하는 것이다.[123] 법집을 일으키는 전7식을 없앤 성자가, 상수 곧 외계의 사물을 마음으로 가상해서, 그 위에 상상력을 더하는 정신작용과, 고락 등을 느끼는 마음을 없앨 때에 나타나는 진여와 같은 경지를 말한다. 이를 테면, 자재위를 증득하면 오직 즐거움과 기

쁨 및 평정심뿐으로써, 모든 부처님들은 이미 근심과 괴로운 것을 단멸했기 때문이라는[124] 것이다.

이상의 5가지의 무위법은 모두 진여에 의거하여 가립된 것이며, 진여 역시 가립적으로 시설된 명칭이다.[125]

끝으로 진여 무위에서, 진이란 진실하여 허망하지 않는 것을 말하고, 여는 여상으로서 변화하지 않는 것을 나타냈다. 말하자면, 이 진실은 어느 곳에서나 항상 그 본성에 머물러 있기 때문에, 이것을 진여라고 하는데, 이것은 湛然하여 허망하지 않음을 뜻하는 것이다. 즉,

> 眞이란 진실로서 허망하지 않는 것을 나타내고, 如란 如常으로서 변역됨이 없는 것을 나타낸다. 말하자면, 이것은 진실한 것으로서, 모든 위치에서 항상 여여한 것[常住一如]이 그 성품이기 때문에 진여라고 한다. 곧 湛然하여 허망하지 않다는 의미이다.[126]

라는 내용을 보면, 진리는 진실해서 허탈감이나 상실감을 주지 않는 것이고, 그러한 경지가 오랫도록 유지되는 것이 여상이라는 것이다. 진리는 이렇게 어디에서나 그 성품이 하나로 한결같기 때문에, 마치 물이 가득 차서 고요한 모양과 같다는 것이다.

또한 바로 진여이다.

항상 하며 如如함이 그 자성이므로,
(이것이) 바로 유식의 진실한 성품인 것이다.

亦卽是眞如
常如其性故
卽唯識實性 [第25頌]

이 30게송은 마음에 관한 상세한 교설들을 함축성 있게 논술하고 있지만, 결론은 부처님의 말씀이 진리라는 것을, 다시 유식교학을 통해서 일깨워주는 내용이다. 그것을 특히 유식성이라고 한 것은, 다른 교학에서 진여와 지혜 등으로 표현하는 내용과는 다른 의도라고 볼 수 있겠다.

3) 수행론

세계의 4대 성인 중의 한 분이신 부처님은, 그 깨달으신 진리의 말씀도 위대하지만, 남다른 자제력과 실천력으로 모법을 보이셨기 때문에 많은 사람들의 귀감이 되고 있다.

종교라는 것은 그에 따른 교의도 중요하지만, 그것을 생활에서 실천하는 것은, 종교인의 기본자세이기 때문에 무엇보다도 절실히 요구되고 있다. 불교에서도 이러한 것을 장려하기 위하여, 만약에 아는 것만이 있고 실천이 없으면 머리만 무겁고, 실천만 있고 아는 것이 없으면 맹신에 빠지기 쉽다고 했다.127) 건전한 수행생활을 위해서는 해행합일할 것을 권장하고 있으며, 이 두 가지의 행동은 마치 마차의 양쪽 바퀴와 같이 그렇게 중요하다는 것이다[行智具備 如車二輪].

그렇기 때문에 이러한 수행을 염두에 두고서, 일선 선각자들이 여러 가지의 내용과 실천덕목 등을 역설했는데, 그것을 보면, 첫째로 向上一句門으로서, 화두 등을 참구하여, 견성하고 전미개오하는 등의 참선을 통한 수행을 권장하며, 둘째는 염불왕생문으로서, 아미타불과 관세음보살 등을 칭념하여 극락정토인 서방세계에 왕생코자 하거나, 심적인 구제를 받고자 하는 것이고, 셋째는 依敎修行門으로서, 부처님께서 교설하신 경율 등에 의거하여, 그 이념을 일상생활 속에서 몸소 실천하는 해행합일의 경지를 말하며, 넷째는 즉신성불문이니, 비밀다라니 등을 독송하여, 대일여래가 소지하고 있는 위력으로 업장이 소멸되면, 이 몸이 바로 佛德을 지녀서, 그 자리에서 즉시에 성불할 수 있다는 수행문을 권장하고 있다.

그런데 여기에서 보면, 앞의 3가지의 수행문은 현교계통의 방법을 말하는데, 이 중에서 세 번째의 의교수행문이 바로 유가유식불교에서 실천하고 있는 수행문을 가리킨다. 그리고 마지막의 네 번째의 것은 밀교의 수행문이지만, 어느 것이나 그 방법은 비록 다를지라도, 궁극적인 목적인 성불하려는 의도는 같기 때문에 우열의 차이가 있는 것은 아니다.

만일에 부처님의 가르침이 오직 교의의 습득이나 전달에만 치중되어 있다면, 이는 뿌리가 없는 나무와도 같아서, 오래 지속하지 못하고 쉽게 고사되었거나 변형되고 말 것이다. 이런 점들을 일찍부터 염려한 나머지, 초기불교에서는 심성본정설에 의거하여, 객진번뇌와 잡념 등을 제거하는 좌선법과 37조도품 등의 수행이 유행하였으며, 부파불교 중의 대중부에서는 부처님을 초인적이면서도 이상적인 존재로 여기는 반면에, 상좌부 중에서도 설일체유부에서는 이를 인간적이요, 현실적인 존재로 인식하면서, 방편위, 견도위, 수도위 및 무학위 등 4가지의 수행법에서 이를 닦는 데 주력하였던 것이다.

한편 소승불교에서는 최고의 목표인 아라한이 되기 위하여, 4향4과를 닦는 것을 그들의 최대목표로 삼았으며, 대승불교에서는 이들 방법이 보다 다양해져서 참선이나 염불, 삼매, 유가 등을 닦아서 깨달은 사람, 즉 불타가 되는 것이 무엇보다도 관건이었다.

유가행파에서는 어떤 내용을 가지고 실천에 임하였는가 하면, 유가에 관한 체험을 체계적으로 이론화한 것이 유식사상이기 때문에, 유가와 유식은 서로 필연적인 관계에 놓여 있다. 그런데 유가라는 말은 처음으로 이 학파에서 사용한 것이 아니고, 인도에서 일찍부터 수행자들이 행하던 정신통일을 위한 실수법에서 나온 것이다. 즉, 원래 Yoga란 말[馬]에 멍에[Yoke]를 씌우듯이, 여러 가지의 것들을 잘 짜 맞추어서 완성한다는 뜻으로, 산만한 정신을 한군데로 모은다는 의미를 가지고 있다.

이러한 내용이 특수한 수행법으로 사용하게 된 것은, 기원전 3~4세기경에 성립된 우파니샤드 때부터이다. 따라서 불교인뿐만이 아니고, 힌두교의 제파에서도 마음을 그 소연에 안주시키는 이 요가를 해탈획득의 수단으로 삼았던 것이다.

그리고 이것을 전문적으로 수행하는 사람들을 가리켜서 유가사라고 하는데, 이는 요가의 실천이나 선정의 수행을 의미하는 것으로서, 한역불전에서는 이것을 수행, 수습행, 적정수행, 상응행 및 관행 등으로 번역하고 있다.

유가사들은 일찍부터 불교계에서 당시의 번쇄철학과는 관계없이, 오로지 수행의 요체만을 설한 『달마다라선경』이나 『수행도지경』 등을 아비달마 시대에 저술하여 사용하였으며, 수행자들은 기본적으로 어느 시기나 장소를 막론하고, 자신에게서 지혜의 내재와 함께 깨달을 가능성 등을 확신하는 마음가짐을 무엇보다도 중요시했었다.

그리하여 원시불교의 경전에서는 비구들이 닦아야 할 요체로써, 계, 정, 혜 3학이 설해지는 가운데서도, 외계의 대상에 지향하는 감각을 제어하여, 마음의 활동을 가라앉히는 止心과, 고요한 마음에 그 대상의 영상을 뚜렷이 비추어주는 관찰 등이 수행에서 강조되었는데, 이것은 각각 3학 중에서 선정과 지혜에 해당되는 것이다.

이와 같은 예는 인도의 대서사시『마하바라타』에서도, 그 성립이 늦은 부분일수록 요가에 관한 내용이 자주 나타나고 있다. 즉, 조용히 앉아서 호흡을 조절하거나, 마음을 한곳에 집중하는 것과 같은 실수법에 관한 구체적인 서술이 보이고 있다. 철학적인 요가, 명상적인 요가, 자기에 관한 요가, 심술에 관한 요가, 기타 요가와의 합성어가『마하바라타』의 철학적인 章에서 많이 나타난다. 또한 양손을 위로 든 채, 한쪽 발로 장시간 계속해서 서 있는 부류의 고행도 요가로 간주되고, 요가의 설천에 의해서 얻어지는 여러 가지의 초자연력도 여기에 포함되고 있다.

이러한 사상들이 점차로 발전하여 대승불교시대에 오면, 이에 관한 내용들이 체계적으로 정립되면서, 유가와 유식이 점차로 분리되는 경향을 보인다. 유가는 이론이 없는 실천을 말하고, 유식은 이를 논리적으로 정리한 교학사상을 가리키지만, 그렇다고 해서 이들 사이에 항상 이런 이원적인 관계만 유지되는 것이 아니라, 흔히는 혼용되어서 사용되는 경우가 많다.

즉, 영상문의 유식설에 있어서 유가선정의 수행을 닦은 경우에, 마음 가운데에 여러 가지의 영상이 떠오르지만, 그것은 마음과 다르지 않기 때문에, 마음 밖에 실재하는 것이 아니라고 한다. 모든 것은 단지 마음의 표상[識]뿐이므로, 이것을 유식이라 부르고, 대상은 실재하지 않으므로 無境이라고 한다.

이것은 선정의 체험에서 발상된 것이지만, 선정의 경우에만 한한 것이 아니다. 우리들의 인식활동 일반이 유식이며, 따라서 대상은 모두가 마음 중의 영상이라는 것으로서, 유식설의 이론 중에서도 가장 기본적인 내용이다. 그러나 인식활동 일반에 있어서도 이 사고방식은 선정의 체험을 전제로 하고 있다. 따라서 이런 경우의 마음은 깨달음으로 향하는 마음, 혹은 깨달음에 도달한 마음으로서, 아뢰야식의 관념이 미망한 마음을 기초로 하여 형성된 사실과, 그 의의가 별반 다르지 않는 것이다.

이와 같은 단계를 거치면서 유가는 유가대로의 바탕 위에서 자리를 확보하기 위하여 그에 관한 원리를 전개하는 경우가 있는데, 특히 지관에 의하여 유가행을 정리한 내용을 보면, 『해심밀경』의 「분별유가품」에서,

> 세존이시여, 모든 비발사나[觀察]는 삼마타[止心]가 행하는 바의 영상이며, 저와 이 마음은 마땅히 다름이 있습니까, 없습니까?
> 선남자여, 마땅히 다름이 없다고 해야 한다. 무엇 때문인가. 저 영상은 오직 이 심식으로 말미암기 때문이다. 선남자여, 나는 심식의 소연은 오직 마음의 나타난 바라고 설하기 때문

이다.

세존이시여, 만약 저 所行의 영상이 이 마음과 다름이 없다면, 어째서 이 마음이 도리어 이 마음을 본다고 합니까?

선남자여, 이 가운데는 少法이 능히 소법을 본다는 것은 있지 않다. 그러나 이 마음이 이와 같이 일어날 때에, 이와 같은 영상의 나타남이 있느니라. 선남자여, 잘 닦아진 청정한 거울의 표면에 의하여, 형상을 연하여 본래의 형상을 보고서, 내가 지금 영상을 보았다고 말하고, 또 형상을 떠나서 따로 소행의 영상이 나타났다고 말하는 것과 같다.

세존이시여, 만약 모든 유정의 자정이 머물러서 색 등의 마음 소행의 영상과 반연한다면, 저와 이 마음은 또한 다름이 없습니까?

선남자여, 또한 다름이 없다. 그러나 뭇 어리석은 사람들은 전도된 깨달음으로 말미암아, 모든 영상에서 여실하게 오직 이것만이 심식이라는 것을 알지 못하고, 전도된 해석을 하느니라.

라고 해서, 삼마타와 비살사나에 의하여 유가행을 정리하고 있지만, 삼마타는 무영상의 삼매, 비발사나는 유영상의 삼매에 있다고 교설하고, 또한 비발사나는 心相, 즉 마음의 움직임을 일으키는 원인으로서의 대상을 짓는 것인 삼마타인 것이다.

그리고 지와 관의 쌍운에 의하여, 지관의 대상이 되는 영상은 유식에 지나지 않는 無間心, 즉 대상과 직면하는 마음을 내는 것이라고 하면서, 스스로 진여를 작의하는 것을 心一境性의 작의, 곧 마음이 대상과 하나가 되는 경지라고 한다. 이것이 유식성에로의 오입으로서 유가행의 중핵이 된다.

이와 같이 『해심밀경』의 「분별유가품」은, 대승 유가행의 실천으로써 유식관법을 처음으로 표명한 경전으로 유명하다. 이렇게까지 발전하기 위해서는 그 전에 인도의 일부 사상가들과 소승불교도 중에서도, 북인도의 유부계가 정신통일을 위한 실수법으로서 유가를 실천해 왔기 때문이며, 그 후 이 사람들이 점차로 유가에서 얻은 체험 등을 중심으로 이론화하는 과정에서, 마침내 상당한 수준의 수행체계를 갖춘 전형적인 학파로 자리를 잡았던 것이다.

여기에 만족하지 않고 더욱 이것을 발전시켜서, 대승불교 시대에 와서는 이에 관한 전문적인 전적까지 나올 정도로 성행하기에 이르렀는데, 그 구체적인 태도는 일찍이 유가사들이 용수의 대승적인 선관, 즉 공성설 등을 수용하여 보살지를 성립시키고, 이러한 교의를 『대승장엄경론』에서 받아 들여서, 마침내 무착의 『섭대승론』에서 그 완성을 보게 된 것이다. 한편으로 재래의 유가사들은 성문지를 완성시켰는데, 이는 앞에서 살펴 본 『해심밀경』 중의 「분별유가품」으로 그 자리를 옮겨서 주요사상으로 기술되고 있다.

이렇게 대승불교의 경전 상에서 유가행에 관한 내용을 검토하다 보면, 마지막으로 섭렵하게 되는 전거가 바로 『유가사지론』이다. 여기에서는 우리 중생들이 열반에 이르기까지의 실천과정을 17단계[地]로 나누어서 기술하고 있다. 보살들이 수습의 정도에 따라서 거치는 10지의 단계가 『십지경』[『화엄경』에 편입되어 「십지품」이 됨]에 잘 설명되어 있지만, 『유가사지론』에서는 이러한 보살뿐만이 아니라 독각과 성문, 내지는 일반인들의 수행경험까지도 포함해서 실천체계를 조직적으로 설파하고 있는 방대한 논서이다.

그리고 이 논서는 유가에서 교설하는 보살지가, 대승불교사상을 망라하고 있다는 이른바 7가지의 성질[七大性], 즉 법과 발심, 승해, 增上意樂, 자량, 時 및 원증 등과 상응하기 때문이지만, 무엇보다도 중요한 것은 이 사상이 반야의 발취 대승이나, 화엄의 보살 10지에 관한 說相을 종합적으로 고찰하여, 3승에 두루 통한다는 데에 있다.

그러면 이 『유가사지론』에 설해지고 있는 실천법을 알아보면, 우선 지관법의 수행에 의하여 치유될 수 있는 5가지의 번뇌, 즉 五蓋[五障; 탐욕, 진에, 도거, 혼침 및 의심] 중에서, 탐욕과 진에와 도거를 없애려면, 먼저 9종의 수행으로 마음을 안주시키고 난 후에 止에 대치되는 것을 버리며, 혼침과 의심을 없애는 방법으로는 6종으로 자체를 분석하여, 이치대로 마음을 닦아 관법에 대치되는 것을 버리면 능히 해결된다는 것이다.

그리고 이 논서에 설명되어 있는 좌선법에 관하여 알아보면, 좌선은 5가지의 인연을 바르게 관찰하기 위하여 실시된다는 것으로써, ① 몸을 잘 수습하여 마음이 상쾌해지면, 이와 같은 위의가 최상이기 때문이며, ② 이러한 좌선법은 오래 지속이 되더라도 몸이 급히 피로하는 것을 막아주기 때문이고, ③ 이 좌선법은 독특하여 외도 등에서는 찾아 볼 수 없는 것이며, ④ 이 법은 모습이 근엄하여 다른 사람들로 하여금 신뢰를 낳게 하고, ⑤ 이는 부처와 그 제자들이 모두 이것을 인정했기 때문에 현성들도 칭찬하는 수행법이라는 것이다.

　이상과 같은 5가지의 이익은 좌선법에 의하여 습득되지만, 그것을 실시할 때에는 굳은 마음을 가지고, 마치 흙 속에서 생금을 陶鍊하는 심정으로 닦아야 한다는 것이다. 다시 말하자면, ① 우선 더러움을 없애는 단련이요, ② 이어서 거두어들이는 단계요, 마지막으로 ③ 이를 알맞고 부드럽게 다루어서 생금만이 남게 하는 단계를 차례로 잘 수행해야 한다는 것이다.

　이상과 같이 유식사상에 있어서의 유가행의 실천은, 궁극적으로 중생들이 가지고 있는 번뇌장과 소지장을 단멸하려는 보살도의 수행과 다르지 않다. 이 수행도를 이론적으로 뒷받침해 주는 유식사상 등도 그 이념을 주의 깊게 고찰하여 보면, 바로 우리 각자가 일상생활 속에서 흔히 상용하고 있는 유식소변에 불과하다는 것이다. 이러한 관법을 유식관이라고 하는데, 이것은 유위무위의 일체제법상의 자상을 3가지로 나누어서 밝힐 때에, 변계소집성의 것은 본래 허무한 것이라고 관찰하는 것부터 시작하여, 이를 점차로 5번에 걸쳐서 거듭되는 관법으로 닦아서, 마침내 인식 주체상의 형상까지도 환상과 같은 것이므로, 이것을 버리고서 오직 우리의 본성만을 그 경계로 삼아야 한다는 五重唯識觀을 주장한다.

그런데 이와 같은 유식관법보다는, 유식교학에서는 수행정진을 통한 지혜의 습득을 위하여, 그 덕목으로서 5위설을 교설하고 있다. 즉,

> 무엇을 유식의 실성을 깨닫게 하는 5位라고 하는가. 첫째는 자량위[초발심위; 40심위; 난위 이전]로서, 대승의 순해탈분을 닦는 것을 말한다. 둘째는 가행위[난위 등 4선근위]로서, 대승의 순결택분을 닦는 것을 말한다. 셋째는 통달위[초지; 환희지 등]로서, 모든 보살들이 안주하는 견도를 말한다. 넷째는 수습위로서, 모든 보살들이 안주하는 수도를 말한다. 다섯째는 구경위로서, 최상의 정등정각의 깨달음에 안주하는 것을 말한다.[128]

라고 한 내용에서 알 수 있듯이, 유식교학에서는 최상의 경지에 이르기까지의 수행의 단계를 5가지로 나누어서 시설한다.

나아가 심식을 일으켜서

유식의 실성에 안주하려고 희구하지 않으면,

능취와 소취의 수면을

능히 조복하지 못한 것과 같다.

> 乃至未起識
>
> 求住唯識性
>
> 於二取隨眠
>
> 猶未能伏滅 [第26頌]

첫째의 자량위는, 부처님의 교법을 깊이 신해하고 대승의 순해탈분[30心, 3賢位]을 닦는 단계를 말한다. 최고의 깨달음을 성취하기 위한 기초가 되는 복덕과 지혜를 쌓기 위하여, 노자[資]와 식량[糧] 등을 준비해서 출발하는 수행의 첫 단계를 말한다. 즉,

> 말하자면, 보살들이 유식의 법상과 법성을 자량위에서 스스로 깊이 신해하는 것을 말한다. ― 최상의 정등정각에 나아가기 위해서 갖가지의 수승한 자량들을 수습하기 때문이다. 유정들을 위해서 부지런히 해탈을 희구하는데, 이것에 의하여 또한 순해탈분이라고도 한다.129)

라는 내용에서 보면, 10신위부터 10회향심까지의 40심위의 보살들

이, 유식의 실성을 증득하기를 발원하고, 나아가 범부들을 구제하기 위해서, 부지런히 해탈할 것을 희구할 때의 첫 발원의 위치를 자량위라고 한다. 말하자면, 순해탈분의 마음과 4홍서원을 내어서, 그 입지를 다지는 수행의 단계를 일컫는다.

여기에서 능취와 소취의 수면이란, 범부의 분별심에 의해서 일시적으로 가립된 주관인 자아와 그 객관인 아법을 말한다. 이것들의 인식활동이 이 위치에서 미비하나마 전개되고 있으므로, 아직 번뇌가 조복되지 않았다고 한 것이다.

바로 눈앞에 (심식이 變易한 진여의) 적은 것을 건립하여,
유식의 실성이라고 한다면,
(심식이) 증득한 것이 있기 때문에,
진실로 유식의 실성에 안주한 것이 아니다.

現前立少物
謂是唯識性
以有所得故
非實住唯識 [第27頌]

둘째로 가행위는, 수행 정진에 의하여 점차로 능취와 소취를 없

애고, 진실한 견해를 일으켜서 대승의 순결택분[4선근위; 4가행위]
을 닦는 단계를 말한다. 즉,

> 보살들은 먼저 첫 무수겁 동안에, 복덕과 지혜의 자량을 잘
> 갖추고서, 순해탈분을 원만하게 마친다. 견도에 들어 유식실
> 성에 안주하기 위하여, 다시 수행을 닦아서 주관과 객관을 조
> 복하여 제거한다. 말하자면, 난위, 정위, 인위 및 세제일법의
> 4선근위를 일컫는다.[130]

라는 내용에서 알 수 있는 것과 같이, 자량위인 3현위[30심]에서 많은 정진을 하여 복덕과 지혜를 비축하고서, 더 지혜를 증득하기 위하여 닦는 단계를 말한다. 말하자면, 이 수행위에서는 스스로 주관과 객관의 2취를 점차로 조복하고 제거해서, 진실한 조견을 이끌어 내려고 정진하는 단계인[131] 것이다.

그 구체적인 수행으로는 지혜의 순결택분을 닦는 것으로써, 견도에 증입하여 유식성에 안주하기 위하여, 다시 4가행을 닦아서 능취와 소취를 항복 받고 그것을 제거하려는 것인데, 바로 난위와 정위 및 세제일법위를 말한다.[132] 이 경지에서는 주관과 객관의 분별심이 모두 항복되거나 제거되어 없어진 지위로서, 다음 단계의 견도의 결택분에 매우 잘 수순하므로 이것을 순결택분이라고도 한다.

여기에서 닦는 10회향의 만심과 4가행위에서는, 아직까지 무루

지가 나타나지 않아서 진여와 계합하지는 못하고, 세제일법위에서도 찰나에 주관과 객관이 공적함을 강하게 숙지했어도, 역시 법상은 여의지 못한 단계라고 한다.

여기에서는 어느 때에 분별심으로 우연찮게 눈앞에 아주 적은 것이라도 건립이 되었다면, 그것은 심식이 일으킨 것이기 때문에, 진실한 유식성에 안주한 것이 아니라는 것이다.

어느 때에 경계에 대해서,
지혜로도 전혀 증득한 것이 없다면,
그때에서나 유식의 실성에 안주한 것이 되나니,
능취와 소취의 행상을 여의었기 때문이다.

若時於所緣
智都無所得
爾時住唯識
離二取相故 [第28頌]

셋째로 통달위는, 모든 존재의 법성과 법상을 통달한 보살들이 머무는 위치[견도, 견성, 초지, 성자위, 환희지 및 법계 直證의 경지]를 가리킨다. 즉,

어느 때에 보살이 대상에 대해서 무분별지로도 전혀 증득된 것이 없다면, 갖가지의 희론상을 취하지 않았기 때문이다. 그 때에 곧 유식의 진실한 승의성에 참으로 안주한 것이다. 즉, 진여를 증지한 지혜와 진여가 평등하고 평등해서, 함께 주관과 객관의 형상을 여의었기 때문이다.133)

라고 하여, 수행을 일과로 삼은 모든 보살들이 견도에 안주케 됨을 말하는데, 이 통달위에서는 진실로 달통한 경지와 같기 때문이다. 여기에서 智는 유위법의 事相을 터득한 것이고, 慧는 무위법의 공적함을 터득한 것으로도 구분한다.

말하자면, 보살이 어느 때에 대상에 대하여 분별지가 활동을 해도, 전혀 그 대상들에서 증지된 것이 전혀 없다면, 그때에는 무분별지가 발현된 것으로서, 비로소 견도의 위치에 든 것이나 마찬가지라는 것이다.

그래서 이 위치에서 무루지가 나타나므로 통달위라고 하는데, 범부의 경지를 벗어나 깨달은 유정인 보살의 첫 위치에 올랐기 때문에, 기쁨이 또한 넘친다고 해서 환희지라고도 한다.

아직 진여를 깨닫지 못했던 것을 비로소 터득하게 됨을 견도라고 하며, 이미 진여를 증득한 후에 다시 관찰하는 것을 수도라고 한다. 또한 3승에 공통되는 장애를 멸신한 경지를 견도라고 하고, 단지 보살의 장애만을 단절한 것을 수도라고 한다.

최고의 경지인 정등각에 이르기 위하여 정진 수행하다가, 어느 때이든 무엇이든지 건립된 것이 없다면, 그때야 비로소 지혜가 발현된 경지로서, 주관심과 객관인 대상이 모두 그 활동을 여의었기 때문이라는 것이다.

(이것은) 증득할 수도 없고 불가사의한 것으로서,
바로 세간의 지혜를 벗어난[無分別] 것이다.
2가지의 추중한 번뇌[二惑障의 종자]를 단절하였기 때문에,
곧 전의[菩提와 涅槃]를 증득한 것이다[佛果].

無得不思議
是出世間智
捨二麤重故
便證得轉依 [第29頌]

넷째로 수습위는, 조견된 이치를 닦는 통달위와 같이 자주자주 이것을 수습하여, 나머지의 장애를 모두 없애려는 보살들의 수도를 말한다. 끊임없는 정진과 무분별지에 의하여, 아뢰야식 중에 내재되어 있는 번뇌장과 주·객체의 잠재력을 단절하고, 의지할 바를 전환하여 불지인 무분별지를 직증하는 단계[2지~10지; 등각]를 말한다. 즉,

보살이 이전의 견도위에서 신심을 일으켜서 나머지의 장애를 단멸하고, 전의를 증득하기 위하여 다시 자주 무분별지를 닦는다. 이 지혜는 주관과 객관을 멀리 여의었기 때문에, 증득한 것이 없거나 부사의하다고 한다. 혹은 희론을 여의었기 때문에 증득한 것이 없다고 하며, 오묘한 작용을 짐작키 어렵기 때문에 부사의하다고 한다. 이것이 바로 출세간의 무분별지로서, 세간법을 단절했기 때문에 출세간이라 한다.134)

라고 함에서 알 수 있듯이, 앞의 견도위에서 더욱 정진하여, 나머지의 장애들을 단멸하기 위하여 수습을 증진하는 단계를 말한다. 무분별지가 나타나서 주관과 객관을 벗어나고, 뭇 희론들을 파척했기 때문에, 어떤 것도 증지됨이 없다는 것이다. 또한 그 작용이 오묘해서 추측하기 어려움으로 부사의하다고 한다. 이렇게 세속적인 구생기의 번뇌까지도 멀리 여읜 무분별심은 그것이 세간도를 초월했기 때문에, 이러한 무분별지를 출세간적인 것으로 여겨서 지혜로서 차용하는 것이다.

그런데 지혜는 실제로는 증득할 수 있는 것도 아니고, 부사의해서 가늠할 수도 없는 것이며, 세간적인 지혜를 초월한 것이 무분별지라는 것이다. 이 경지에서는 견혹과 수혹의 2가지 추중한 번뇌종자를 단멸했기 때문으로서, 바로 이것들의 전의를 증득하여 불과를 심득한 경지를 말한다.

그 구체적인 수행으로는 10지 중에서, 10가지의 뛰어난 수행을 수습하고, 10가지의 추중한 번뇌들을 단절하면, 10가지의 진여를 증득하는데, 2가지의 전의를 이러한 것들에 의거해서 증득한 것을 말한다135)는 것이다.

이것[菩提와 涅槃]이 바로 무루의 세계이며,
불가사의하고, 善法이며, 상주하는 것이고,
안락이며, 해탈신이고,
대모니라는 법신인 것이다.

此卽無漏界
不思議善常
安樂解脫身
大牟尼名法 [第30頌]

수행위 중 최상의 단계인 구경위는, 그에 걸맞게 최상의 정등보리를 증득하기 위하여 정진하는 단계이다. 즉,

앞의 수습위에서 증득된 전의의 경지가 바로 이 구경위의 형상임을 알아야 한다. 이것[열반과 보리]은 앞에서 말한 2가지의 전의의 결과를 말한다. 즉, 이것은 구경위의 무루계에 포함된

다. 모든 번뇌를 영원히 멸진하고, 번뇌에 따라 증장되지 않으며, 성품이 청정하고 원만하기 때문에 무루법이라고 한다.136)

라고 하여, 앞의 수습위에서 닦은 2전의의 묘과는 바로 수행의 구경으로서 불지인 것이다. 이 경지는 무루과에 소섭된다. 따라서 이 구경위에 오르면, 모든 번뇌가 멸진되어서 그 성품이 청정하고, 원만하며 밝다고 한다. 또한 구경위에 이르러서는 번뇌를 벗어나 원만하고 지혜로워서, 능히 미래세가 다하도록 유정들을 교화하며, 다시 (그들로 하여금) 유식의 형상과 성품을 깨닫게 한다137)는 것이다.

성문과 연각의 2승의 무루심은 아직도 소지장과 함께 하므로, 그 성품이 청정하지 못하며, 유학위의 무루도 지혜가 없으므로 원만함과 밝음이 없다. 이러한 것들을 잘 결정하여 간택한 것이, 이 구경위의 무루심이라는 것이다.

게송에서 무루계에 소섭된다는 것은, 모든 번뇌를 영원히 멸진하고, 번뇌에 더 이상 증장되지 않으며, 성품이 청정하고, 원만하기 때문에 무루계라고 하는 것이다. 불가사의하다는 것은, 살피고, 생각하며, 말로서 표현하는 경지를 초월했기 때문이며, 내적으로 증득되어서 더 미묘하고, 심오하며, 모든 세간의 비유로는 나타낼 수 없으므로 이렇게 표현한 것이다.

또한 선법이라는 것은, 순백한 법성 그 자체이기 때문이며, 청정한 법계는 생멸을 멀리해서 매우 안온하기 때문이다. 4가지의 지혜와 상응하는 성품은 그 묘용에 장애가 없고, 극히 뛰어난 방편성을 내재하고 있기 때문이다. 상주한다는 것은, 소멸되는 기간이 없이 밝음이 영원하기 때문이며, 안락한 것이란, 번거롭거나 거리낌 등의 심리적인 장애가 아주 없어서 매우 아늑한 상태를 의미한다.

해탈신이란, 2승이 증득한 2가지의 증과는, 아직도 번뇌장의 속박을 멀리 여의지 못했는데, 이런 경지에서 탈속하여 완전히 벗어났기 때문에 이렇게 명칭한 것이다. 끝으로 대모니라고 한 것은, 대각한 세존은 최상의 적묵법을 성취하셨기 때문에 이렇게 호칭하는데, 이 경지에서 증득한 증과는 2가지의 추중한 번뇌를 완전하게 단멸하고, 그것을 전의해서 대자유를 섭지하였으므로 또한 법신이라는 것이다.

3. 유통분

이 유통분은 秦의 符堅왕이 당시 晉나라의 불교계의 학덕이 높던 스님을 흠모하여 전쟁을 일으켜서 모셔왔던 道安이, 처음으로 정종분과 분리하여 서분과 유통분을 시설한 데서 그 유래가 시작되었다. 도안은 중국불교계의 초기에 인도와 서역의 도래승과 구법승들에 의하여 유지되던 학풍을, 중국인 스스로 불교사상을 절차탁마하여 새롭게 정착시킨 불교계의 중흥조이다.

유통분은 대개 부처님이나 조사들이 설시한 법문이나 게송 등을 그 제자나 국왕들이 부촉하여 널리 중생들의 깨달음에 일조하고, 나라를 安慰케 하려는 의도에서 오랫도록 유통되도록 염원하는 내용을 담고 있는 것이 그 특징이라고 하겠다.

이미 성스러운 가르침과 바른 이치에 의지하여,
유식의 실성과 법상의 의미를 분별하였나이다.
증득된 공덕을 모든 중생들에게 베푸노니,
모두 신속하게 최상의 정각에 오르기를 발원하옵나이다.

已依聖敎及定理
分別唯識性相義
所獲功德施群生
願共速登無上覺.

제3장

유식교학의 중국적 전개

제3장
유식교학의 중국적 전개

　　불교교학에서 유식교학의 심식사상이 중국에서 어떻게 전개되고 발전되었는가를 살펴 보면, 본래 인도에서는 불교교의가 누구나 일상의 삶에서 쉽게 실천될 수 있는 수행법과 병행됨을 염두에 두고 전개되었다. 그렇지만 그것이 동남아 지역과 중국 등 북방지역으로 전래될 때에는, 당시 그 지역의 문화사조와 사회적인 종교 분위기 등에 따라서 다소 답습적이거나 발전적인 단계로 유행되었던 것이다. 즉,

　　인도에서 발생한 불교가 동남아 지역에 전파되어 옛날과 다름없는 성황을 이룬 것은 사실이지만, 그러나 이 지역의 불교는 신앙의 불교요, 실천위주의 불교며, 보수주의적이요, 형식 편중의 불교여서 원시불교의 어떤 일면만을 고수하여 온 것

이 사실인지라, 불교 교리상의 발전은 소승불교 몇 파의 사상이 그대로 전래할 뿐 별로 없었던 것은 은폐할 수 없는 사실이다.
이에 비하여 북방으로 전래한 불교는 신앙적이기도 하고 실천도 중시하여 爲道亡軀한 결과, 수많은 고승석덕들이 배출되었을 뿐만이 아니라 교리사상적으로도 괄목할 만한 발전을 했는데, 이러한 점은 동남아불교에 비교되는 바가 아니다. 그 중에서도 현저한 것은 수많은 경전과 논부가 저들에게는 전혀 없는 것이다.[1]

라는 내용으로써, 불교교학의 전반적인 사상이 중국에서 다시 한번 발전한 모습을 보여주고 있다. 그렇다고 하여 전적으로 인도의 그것과 같은 내용이었느냐 하면 그렇지는 않고, 여기에는 얼마간의 차이가 있었다는 것이다. 즉, 대체로 인도불교가 전체적이요 포괄적이며 창의적이었다고 한다면, 중국불교는 부분적이요 분선적이며 단지 문장을 기술하는 현학적인 경향이 다소 강하였다는 면이 보인다는 것이다.

이러한 예를 특히 여기 유식교학에서도 찾을 수 있으니, 그것은 처음에 이 교학사상이 瑜伽, 즉 실천수행을 보조하기 위한 이론이었던 것이, 중국에 도입되어서는 그 주객이 전도되어 유식에 관한 이론이 오히려 주된 위치를 차지했다는 사실을 말해준다. 더구나 이 방면의 수행자들이 일찍부터 지관행 등을 통해서 체득한 마음의 경지를 다룬 『유가사지론』을 미륵보살이 지었는데, 이에 관한 10가지의 주석서, 즉 미륵 자신이 주석한 『분별유가론』과, 무착이 지은 『현장성교론』, 『섭대승론』, 『대승장엄경론』과, 세친이 주석한 『백법론』, 『오온론』, 『변중변론』, 『이십유식론』, 『유식삼십송』 및 안혜가 지은 『대승아비달마잡집론』 등의 十支論 가운데서, 거의 대부분을 중국에서 유식학자들이 섭론종이나 법상종을 건립할 때에 이들을 소의 경전으로 삼았던 사실은 이와 같은 양상의 한 단면을 잘 말해준다.

아무튼 인도의 불교사상은 그것이 교의와 수행이 서로 균형을 이루면서 전체적인 것을 지향한 반면에, 중국불교는 다소 분석적으로 대승경전들을 주석하여, 세친과 그 당시의 여러 논사들 이후에 쇠잔해진 불교사상을 발전시키는 데 국력과 민족적인 힘을 경주하였던 것이다. 그리하여 대승불교의 2대 핵심교의 중의 하나인 유식사상도 크게 중흥되어서, 그 무대가 중국불교계로 옮겨 온 느낌이 들 정도였다.

이렇게 유식교학 방면의 수많은 전적들이 인도에서 도래되어 번역되었는데, 그중에서도 중요한 것은 먼저 담무참(385~433)이 『보살지지경』을, 구나발마(367~431)가 『보살선계경』을 각각 역출했는데, 이러한 전적들이 유식계통 문헌의 중국의 초역으로 간주되는 것이다. 그리고 남북조시대에 들어서는 북조에서는 보리류지

(?~527)가 『십지경론』과 『능가경』 및 『심밀해탈경』을 번역하였고, 늑나마제(?~508~)가 『구경일승보성론』과 『십지경론』을, 불타선다(?~539)가 『섭대승론』 등을 번역하여, 인도에서 유식교학을 확립시켰던 무착과 세친 등의 사상을 중국에 처음으로 소개하였던 것이다.

한편으로 남조에서는 진제(499~569)가 내방하여 많은 경론을 번역했는데, 그중에서도 『섭대승론』과 『해절경』, 『중변분별론』 및 『전식론』 등 유식관련 전적들을 역출하여 이 교학사상을 한 단계 더 상승시켰으며, 그 후 현장은 인도에서 직접 『유가사지론』과 『해심밀경』, 『섭대승론』 등을 가져와서 번역하기도 하였는데, 특히 『유식삼십송』에 관한 10대 논사들의 주석서를 함께 가져와서, 이들을 중심으로 합유하여 『성유식론』을 완성시켰던 것이다.

그런데 이 경론들 중에서는 그 교학사상의 특성에 따라서 중국 법상계의 종파에서 한 교파의 소의경론이 되는 경우가 있었으니, 그 것은 다름 아닌 『십지경론』과 『섭대승론』, 그리고 호법 논사를 위시하여 인도의 제논사들의 주석내용을 합유했던 『성유식론』 등이 그것인데, 이 가운데서 『십지론』은 지론종을 탄생시켰고, 『섭대승론』은 섭론종을, 또한 『성유식론』을 소의경전으로 해서는 법상종이 탄생하게 된 결정적인 전적이 되었다. 따라서 이들 각 종파들이 주장하는 유식사상 중의 심식설에 관한 내용들을 고찰해 보면, 중국에서 이 교의가 어떻게 수용되고 발흥되었던가를 알 수 있을 것이다.

1. 지론종의 심식론

중국의 지론종은 『대방광불화엄경』 중의 「十地品」을 주석한 『十地論』에 의지하여 종파를 세웠는데, 본래 이 「십지품」은 금강장보살이 보살들의 10지에 관하여 교설한 내용으로써, 이에 관한 주석서 가운데 중국에 전래된 것은 세친의 『십지론』과 용수의 『십주비파사론』이 있었는데, 세친의 전적이 주로 많이 통용되었다.

그런데 왜 유식사상에 관한 내용을 충분히 섭렵하지 못한 상태에서, 보살들의 수행에 관한 내용만을 설명한 이 경론이 당시 중국의 유식학자들의 관심의 대상이 되었는가 하면, 인도 유식교학의 완성자였던 세친이 이 경론을 주석할 적에, 순수한 보살사상 외에 유식사상의 대가답게 몇 군데에서 소승불교에서 인정하는 6식설 외에 아타나식과 아리야식 등에 관한 내용을 담고 있었기 때문이다. 즉, 그것을 보면 먼저 「십지품」에서 이르기를,

> 보살은 이와 같이 열 가지를 逆順하여 인연법을 관찰한다. 말하자면, 이것은 인연분의 次第이기 때문이고, 한 마음에 소섭되기 때문이며, 스스로 업을 조성하기 때문이고, 서로 여의지 못하기 때문이며, 三道가 단절되지 않기 때문이고, 먼저 미래를 관법하기 때문이며, 一 인연의 생멸법에 계박되기 때문이고, 수순하여 모두를 관찰함이 있기 때문이다.[2]

라고 한 내용에 관하여, 세친이 주석하기를,

> 다시 2가지의 다른 관찰법이 있으니, 첫째는 大悲心에 수순하는 관찰법이고, 둘째는 일체의 법상과 지혜를 분별하는 관찰법이다. 먼저 대비심에 수순하는 관찰법에는 4가지가 있는데, 그 첫째는 우치함에 전도된 것이고, 둘째는 다른 곳에서 解脫을 희구하는 것이며, 셋째는 다른 도리에서 해탈을 희구하는 것이고, 넷째는 다른 해탈을 희구하는 것이다. ― 어떤 것이 다른 곳에서 해탈을 희구하는 것인가 하면, 범부는 이와 같이 우치함에 전도되어 항상 당연히 아리야식과 아타나식 가운데서 해탈을 희구하거나, 내지는 다른 곳의 자아와 아소 중에서 해탈을 희구하는 것이다.[3]

라고 한 것에서 보면, 본래 경전의 본문에는 언급되어 있지 않았던 아리야식과 아타나식 등에 관한 내용이 附言됨으로써, 자연 이 방면에 관심을 갖고 있던 중국의 학자들에게 연구의 대상이 되었던 것이다.

다시 말하자면, 이 『십지경론』이 중국불교에서 활발하게 연찬의 대상이 되었던 것은, ① 보살도를 설파한 이 경전이 실천을 근본으로 하는 北地 불교의 기풍에 맞았으며, ② 경전을 주석한 논장의 내용에서, 비교적 주관적인 판단이 개입할 여지를 적게 하였던 것이 오히려 신뢰감을 갖게 해주었으며, ③ 인도에서 유행하던 최신의 유식교학에 입각하여, 불교의 주요과제가 체계적으로 정리되어 있었던

점 등을 지적하고 있다.

　이와 같은 영향으로 『십지경론』이 중국에 전래되었는데, 그중에서도 세친의 주석서가 보리유지와 늑나마제 및 불타선다 등의 3인에 의하여 전역되어 연구된 결과, 그 내용에 있어서 이들 세 사람이 각기 다른 곳을 다르게 번역한 것을, 후에 光統律師인 慧光이 그러한 것들을 對校合梁하여 한 책으로 만들어서 후세의 異論들을 방지하였다.

　그런데 그 당시 이 『십지경론』을 중국불교계에 광포한 것은 늑나마제에게서 배운 혜광뿐만이 아니고 보리유지에게서 이를 師事한 바 있는 道寵도 있었는데, 이들 사이에는 유식설의 주요한 내용에 있어서 서로 상반되는 견해를 가졌던 것이다. 말하자면, 『십지경론』상에는 諸識 상호 간의 관계라든가, 이들과 진여 및 여래장사상 등에 관한 명확한 내용이 없었기 때문에, 자연 그들이 의지하는 번역서에 의존할 수밖에 없었는데, 이와 같은 의견대립의 근본원인은 두 번역자들의 논석 내용의 상이점에서 온 것임은 두말할 필요가 없다.

　그러면 이들이 구체적으로 어떠한 견해의 차이를 보였는지를 보면,

　　陳梁 이전에 『십지경론』을 홍포했던 논사들은 두 곳에서 서로
　　같지 않았다. 相州의 북도파에서는 아리야식을 상정하여 의지

처로 삼는 반면에, 상주의 남도파에서는 진여를 상정하여 의지처로 삼은 것이다. 이러한 두 논사들은 함께 세친으로부터 稟受 받았지만, 견해가 각각 다른 것이 마치 물과 불 사이 같았다.4)

라고 하거나, 또한 湛然의 다른 주석서에서,

지난날에 『십지론』을 홍포할 적에 相州에서는 스스로 남북의 두 道派로 나누어져 상정한 것이 같지 않았다. 남도파에서는 法性을 상정하여, 이것이 일체의 법상을 낳는다고 한 반면에, 북도파에서는 아리야식을 상정하여, 이것이 일체의 제법을 생성한다고 한 것이다.5)

이외에도 이 두 학파의 심식설에 관한 상이점을 전하고 있는 내용들이 많은데, 여기서 남도파 혹은 북도파로 지칭되는 계파들은 중국의 相州 땅을 중심으로 하여, 혜광은 남쪽에 살았기 때문에 지론종의 남도파라고 하였으며, 도총은 북쪽에 살았기 때문에 북도파라고 불렀다.

아무튼 남도파에서 여래장성과 같은 眞識을 인정하는 한편으로, 이것이 일체의 많은 세력을 항상 구비해서 친히 모든 것을 함장하고 있는 것으로 판단하여, 상주불변하는 진여와 같이 여긴 반면에,

북도파에서는 심식의 여래장성을 부정하는데, 만약에 본래부터 공덕이 갖추어져 있어서 원인에서 발생하지 않고 先來로부터 친히 존재하는 것이라면, 이것은 이치에 어긋났다고 주장하여, 아뢰야식을 妄識으로 여기는 한편으로 여래의 功德性도 부정하였다.

이 가운데서 북도파의 이와 같은 견해는 뒤에 진체가『섭대승론』에서 제8식은 망식이요, 제9식은 진식으로서 이것을 아마나식이라고 주장한 것과 같은 개념의 것이어서, 자연 이들을 전문적으로 다루었던 섭론종에 병합되는 결과를 가져왔다. 이렇게 되어 남도파의 교의만이 남게 되어서, 이 학파가 지론종의 유식설을 대표하게 되었는데, 그의 이러한 주장을 일컬어서 순정무구식을 내세운 학파로 평가한다. 말하자면, 우리 각자가 가지고 있는 마음은 선천적으로 자성청정하여 더러움이 없는 맑은 수정과도 같다는 것이, 지론종의 심성에 관한 일반적인 정의라고 하겠다.

2. 섭론종의 심식론

중국불교의 역사상에서 이 섭론종의 개립은, 대승불교사상이 당시의 불교계에서 전승기를 맞이했음을 말해줌과 동시에, 유식교학사상사에 있어서도 주목할 만한 의미를 내포하고 있다. 왜냐하면,

이 교파가 소의경론으로 삼고 있는『섭대승론』은 말 그대로 대승불교의 모든 교리를 함축성 있게 설파하고 있는 논장이므로, 이것을『광포대승론』이라고도 부르는데, 이와 같은 대승불교의 통일론적인 성격을 지닌 논서가 이 무렵에 유행하였다는 것은 우리에게도 시사하는 바가 크기 때문이다.

그러나 이와 같은 진제의 논서가 성행하기 전에 이미 당시의 사회에서는 불타선다에 의하여 무착이 지은『섭대승론』이 역출되었지만(531년; 2권본), 이것이 그 무렵 지론종에 대한 일반 불교학자들의 열기에 밀리고, 또한 내용이 난해할 뿐만이 아니라 주석이 相半하지 못하여 불교인들의 관심을 사지 못했다. 그러다가 진체가 세친의 것을 論本과 함께 번역하여 유포시키니(563년; 3권본), 이것이 시대적인 여망과 더불어 그 사상성 등의 영향으로 쉽게 홍포가 되어서 종파를 형성하기에 이른 것이다.

그리고 이보다 약 80여 년 뒤에 현장 법사에 의하여 역시『섭대승론』이 번역되었지만(649년; 3권본), 현장은 인도에서 계현 논사로부터 호법 계통의 유식사상[新唯識思想; 有相(形象)唯識論]을 배워왔기 때문에, 안혜 계통의 유식사상[舊唯識思想의 근본자료]과는 내용상 의견대립이 심했었다. 즉, 이들이 모두 무착의『섭대승론』을 번역하면서도 신구의 譯者 사이에 이견이 있었던 것은, 인도에서부터 그 사상계통을 달리함에 의한 것이 아닌가 한다. 이를테면, 이 논전의 진제와 현장의 번역 사이에는 사상적인 深淺의 차이가 있어서, 진제의 것이 大乘始門이지만 은연 중에 終敎의 취지를 포함하고 있는 한편으로, 안혜와 난타 등의 사상을 답습한 반면에, 현장의 것은 대승시문만의 내용을 갖춘 논소로서 호법종의 사상과 그 大旨가 상사한 것 등이 이를 말해준다.

아무튼 서인도 출신의 진제는 안혜와 늑나마제 등의 유식사상과 함께 하면서, 이 『섭대승론』과 『결정장론』 등의 논서들을 주석할 적마다, 일관되게 오염된 인식주체로 알려진 아뢰야식을 부정하고 언제나 청정하고 무구한 심식을 주장했다.

이와 같은 사실을 알 수 있는 증거는 앞서도 살펴 본 바가 있는 담연의 주석서에서 계속 언급되고 있는데, 그 내용을 보면,

> 다시 『섭대승론』의 사상이 흥기하면서 역시 아여야식을 상정하여 지론종의 북도파를 도왔다.[6]

라는 기록이 그것을 말해주고 있다. 더 나아가서는,

> 진제가 본각의 아마라식이나 解性賴耶를 교설했지만, 여전히 망념된 연기의 주체는 어디까지나 허망한 아뢰야식[本識; 種子識]인 것이며, 法性依持, 즉 환언하면 여래장연기의 교설을 설파한 것은 아니었다. 섭론종이 지론종의 북도파를 도왔다

는 기록은 법성의지를 취하지 않았다는 공통의 입장을 알 때에 이해가 될 것이다.[7]

라고 하였음을 볼 때에, 진제가 아뢰야식과 함께 아마라식을 우리 중생들의 인식의 근원으로 삼았다는 것을 보여주고 있다.

다시 말하자면, 진제는 그의 『섭대승론』 등에서 제8 아뢰야식 외에 제9 아마라식까지를 설정하고 있는데, 여기에서 보면 제8식은 제9식의 진실성에 비교하면 허망한 것이지만, 이 심식에는 또한 解性의 진리성과 함께 과보성의 허망성도 항상 상존해 있다는 것이다. 즉, 그 내용을 보면,

> 『섭대승론』의 논사는 제8 아뢰야식을 허망한 심식이라 하고, 제9 아마라식은 진실한 심식이라고 한다. 또한 말하기를, 아뢰야식에는 2가지의 의미가 있는데, 그 하나는 허망성이고, 다른 하나는 진실성이다. 解性의 의미가 있으면 바로 진실성인 것이고, 과보식으로 존재하는 것은 바로 허망성의 작용인 것이다.[8]

라고 논술되어 있거나,

> 진제 삼장이 이르기를, 아마라식에도 2가지가 존재하는데,

하나는 所緣으로서 이것은 진여를 말하고, 다른 하나는 본각
으로서 이것은 眞如智를 말한다.9)

라는 내용 등에서 볼 때에, 진제는 제8 아려야식 자체 내에는 일부의 허망성과 진실성이 서로 상반되게 존재한다고 하여, 이른바 진망화합식으로 간주하고 있다. 유식의 실성을 추구함에 있어서는 이것을 무몰식이나 무구식 등으로 인식하여, 제8식 다음에 제9 아마라식까지 그 존재한다고 주장한다. 말하자면, 최고실재인 절대지를 주장하여 마음을 마치 수정과 같은 존재로 여기며, 인간의 인식에 있어서는 주관과 객관이 한시도 그대로 존재하지 않고 항상 생멸변화하여 허망하므로, 올바른 인식을 할 수 없다는 境識俱泯의 입장을 내세우고 있다.

이와 같이 비교적 순수하게 유식사상만으로 입교개종하여, 한때에 중국의 불교계를 풍미하던 섭론종도 당 나라에 이르러서는, 저 유명한 현장이 인도에 직접 가서 유식사상을 배워 온 한편으로 많은 전적 등을 가져왔다. 그 이전의 舊本들과 이들을 대조하여 오류나 탈자 등을 교정하고, 더 나아가서 유식사상의 원류라고 할 수 있는 세친의 저서와 함께, 그 추종자들의 주석서도 다량을 구입하여 이것을 번역하고 출판하니, 자연 새로운 학풍이 조성됨과 함께 法相宗이라는 종파가 개창되자, 이에 흡수되는 결과를 가져왔다.

3. 법상종의 심식론

인도에서 17년간의 구법활동을 마치고 본국에 돌아온 현장은, 그가 入竺하게 된 동기를 다음과 같이 술회하고 있다. 즉,

> 현장 법사는 이미 두루 모든 賢者들을 알현하고서 거의 다 그들의 주장을 들었는데, 상세하게 그 이치들을 고찰해 보면, 각각 멋대로 근본을 이해한 것이다. 聖典을 조사해 보아도, 역시 차이가 나타나므로 이를 따라야 할 것인가를 알지 못했다. 이에 직접 인도에 가서 의혹되는 것을 묻고, 두루『십칠지론』등을 구입하여, 많은 의심들을 풀고자 서원하였는데, 즉 지금의『유거사지론』이다. 또한 옛날에 法顯과 智嚴 등 한때의 人士들이, 모두 스스로 법을 구해 가지고 많은 중생들을 계도하여 이익되게 하였으므로, 나도 마땅히 이러한 것을 잇겠다고 말했다.[10]

여기에서 보면, 현장은 당시 제현들의 가르침이나 역출된 전적들이 모두 동일하지 않아서 의혹만 증폭되고, 일찍이 법현과 지엄 등이 인도를 유행하여 큰 업적을 얻었다는 사실을 알고서, 자기도 이에 서원을 세우고 인도에 갔다는 것이다.

아무튼 현장은 그가 귀국할 때에 수천 권의 중요한 경론들을 가

지고 왔는데, 그중에서도 세친의 유식계통의 전적은 단연코 돋보이는 것이었다. 세친은 말년에 『유가사지론』을 읽고서 이에 감응을 받아 30頌으로 된 저술을 남겼다. 그런데 이 『유식삼십송』에 관하여 자세하게 해설하지 못한 채 그가 죽자, 당시의 유명한 논사들이 이것에 주석을 가하여 수십 가지의 章疏가 유행하였다. 현장은 이 중에 특히 10대 논사로 일컬어지는 사람들의 것들을 취합하여 가져온 것이다.

이렇게 하여 10대 논사들의 주석서를, 현장의 제자인 자은사의 규기가 호법 논사의 해설만을 위주로 하고, 나머지 논사들의 것은 거의 다 폐기처분하다시피 하고 만든 것이 『성유식론』이다. 그리하여 『성유식론』으로 말미암아 이것을 소의경론으로 삼아서 종파를 형성한 것이 바로 법상종으로, 중국에서는 이 법상종의 개립으로 유식사상이 한층 더 일반인들에게 널리 알려지는 계기가 되었다.

이 법상종의 종지는 과연 무엇인가. 10논사 중에서 덕혜의 제자인 안혜 등이 아뢰야식을 궁극적으로 부정하면서 최고실재는 개체에서 現成되며, 보는 것과 보이는 것이 구분되지 않는 절대지가 얻어진다고 하였지만, 호법 등은 이와는 달리 아뢰야식을 실유의 識體로 간주하는 한편, 그것이 변화하여 보는 것과 보이는 것이 생성된다고 주장했었다. 즉, 이것은 절대지를 얻어도 아뢰야식 그 자체는 부정되는 것이 아니고, 그 가운데 있는 번뇌의 잠재력이 근절될 뿐으로써, 절대지에서도 보는 것과 보이는 것은 있게 된다는 호법의 교설 등을 규기가 추종하여 『성유식론』을 엮었고, 그에 준거하는 유식관을 설정하는 데 심혈을 경주했던 것이다.

그리고 법상종이라고 하면, 이는 대체로 법성종과 대립되는 개념으로서, 법성종에서는 법성과 법상, 곧 이치와 事相의 개념을 근원론적인 관계로 해결하려고 함에 반하여, 이 법상종에서는 이들의 관계를 평행적인 대등한 관계로 인식하려는 경향이 있어서, 법상 곧 事相을 중시한 데서 相宗이란 명칭이 붙여졌다.

이와 같은 원리를 철저하게 규명하고자 하여, 규기는 『성유식론』의 내용만이 아니고, 이와 관련된 여러 경론들의 교의를 의지했었다. 결정적으로 그의 이러한 연구결과가 법상종의 성립에 크게 기여를 하게 된 것은, 그의 많은 저술 중에서도 4가지의 주석서, 즉 『성유식론술기』, 『유식이십론술기』, 『성유식론장중추요』 및 『대승법원의림장』 등이 귀중한 근거를 제공한다. 특히 이 가운데서도 『법원의림장』의 내용은 그의 모든 불교상식을 개관한 것으로서, 이에 의하여 법상종이 규기에 의하여 확고하게 자리를 잡았다고 할 만큼 그렇게 잘 기술된 유식관계의 저술서이다.

그러면 현장이나 규기 등은 그들의 저술들을 통하여, 유식사상 중에서 가장 민감한 부분인 인식작용의 근원을 무엇으로 간주하였는가 하면, 이들은 제8 아뢰야식설만으로 그것을 해결하려고 했다. 즉,

> 구역의 대표자인 진제는 암마라식, 곧 제9식을 주장하고, 당 나
> 라의 현장의 신역에서는 단지 제8 아뢰야식만을 건립했다.11)

라는 내용이 그것으로서, 여기에서는 우리들 각자의 아리야식이 무명에 훈부되어 현상계의 모든 것을 생성하는 것이지, 무위나 청정한 불성에서는 이러한 것들을 발생시킬 수 없다는 것이다. 이러한 교설을 無爲凝然說이라고 하는데, 제8식을 중생들의 분별심으로 인하여 존재하는 諸業의 총체인 망식으로 본 것이다.

더구나 이 제8식은 많은 수행의 결과에 따라서 3가지의 형태로 그 모습을 바꿀 수는 있는데, 그렇다고 하여 결코 소멸되는 것은 절대로 아니라는 것이다. 따라서 중생들이 행위나 행동을 하면 제업이 존재하고, 업이 존재하면 제8 아뢰야식이 존재하며, 이 아뢰야식이 존재하는 한 중생으로 다시 윤회할 수밖에 없다는 것을 강조하고 있다.

이러한 원인으로 하여금 대승불교의 맨 마지막에 성립되어서, 그 교의가 순전히 대승적이라는 평가를 받고 있는 유식사상이, 일부의 덕목에서는 이와 정반대의 입장을 견지하고 있다. 즉, 그것 중의 하나가 불성론에 관한 것으로서, 대승불교에서는 모든 중생들이 부처가 될 수 있다는 일불승설을 주장하는 데 반하여, 유식교학에서는 태생부터 그와 같은 소질이 없는 중생은 결코 성불할 수 없다는 일종의 無佛性種姓說을 주장하는 것이 그것이다. 더 나아가서 보살이나

성문, 연각 등이 될 수 있는 자질도 각각 그 선천적인 소질, 곧 원인이 있어서 가능하다는 이른바 五姓各別說을 내세우고 있다[有爲種子差別說]. 이와 같은 원리에 입각하여 유식교학에서는 삼승은 진실이고, 일승은 방편이라는 불성관도 역설한다.

일찍이 중국에서 개창되었던 법상종 계통의 각 교파들의 주장을 통하여, 유식교학에서 제일 중요한 과제로 여기는 인식주체의 근원에 관한 문제, 즉 아뢰야식 사상을 중심으로, 그것에 관한 제반의 의미들이 어떻게 수용되었는지를 고찰하여 보았는데, 당시에 이미 상당한 수준의 관련 문제들이 높은 차원에서 다루어진 것으로 추측된다. 그리하여 최종적으로 지론종에서는 이것을 순정무구식으로 인식하는 경향이 강했으며, 섭론종에서는 진망화합식, 또한 법상종에서는 망식 등으로 이해하였지만, 어느 주장이나 모두 쉽게 수긍이 가는 것은 아니다.

왜냐하면, 인류공통의 심성을 다루는 자체가 벌써 그것을 이해하려는 개인의 문제로 변화하기 쉽고, 더구나 이러한 문제들을 취급할 때에는 냉정하여 감정 등에 치우치는 일이 없어야 하지만, 이미 습득된 업력은 그 누구도 장담할 수 없는 아주 깊은 잠재의식으로 내재되어 있기 때문이다.

아무튼 중국불교계에서 이상과 같은 예민한 교의문제들을 가지고 일찍부터 교계에서 활발하게 논의하여 왔다는 것은, 그만큼 중국불교의 수준이 높았다는 것을 다시 한번 입증하는 것이다. 이들 교파들 사이에 다소 논쟁이 발생된 것은 그들의 교의 자체에 이견이 있었던 것이 아니고, 전수 받는 전적의 차이나 번역자들의 오류 및 그때 당시의 사회 전반의 여러 가지 간접적인 요인들이 이에 개입되었기 때문으로 여겨진다.

註

제1장 유식교학의 성립

1) 智旭 述, 『成唯識論觀心法要』 卷第1[中華電子佛典協會(2009), 『卍新纂續藏經』 第51冊, p.298, 下), "十師各造釋十卷 故卷有百 慈恩基師以其旨殊見異 稟者無依 固請奘師糅 成十卷 然而文多影略 以護法為司南 故首標護法也."

제2장 유식삼십송

1) 世親菩薩 造, 玄奘 譯, 『唯識三十論頌』(『大正藏』 31, 60, 上~61, 中). 이곳에는 서분과 유통분은 없고 정종분만 있다.
2) 窺基 撰, 『成唯識論述記』 卷第1 本(『大正藏』 43, 233, 下), "我卽安惠 自指己身." 및 太賢集, 『成唯識論學記』 卷上 本 『東國大學校 出版部』 發行(1980), 『韓國佛敎全書』 第三冊, p.486, 上, "我謂假者 基云安惠 測云護法."
3) 『述記』 卷第1 本(『大正藏』 43, 229, 下) 및 智旭 述, 『成唯識論觀心法要』 卷第1[中華電子佛典協會(2009), 『卍新纂續藏經』 第51冊, p.299, 上] 등.
4) 『述記』 卷第1 本(『大正藏』 43, 232, 中), "性卽是識圓成自體 唯是眞如無爲無漏 唯識之性名唯識性."
5) 窺基 撰, 『成唯識論掌中樞要』 卷上 本(『大正藏』 43, 613, 上), "今唯識性是滿分淨者 簡於因位不名法身故 又此涅槃隨其假實 總有四種 唯識性者自性淸淨涅槃 滿淸淨者 有餘無餘二種涅槃 要果圓時方證得故 分淸淨者 卽無住處涅槃 許十地位已證得故."
6) 『觀心法要』 卷第1[中華電子佛典協會(2009), 『卍新纂續藏經』 第51冊, p.299, 上], "今唯識性卽法寶 滿淸淨者卽佛寶 分淸淨者卽僧寶."
7) 世親 造, 玄奘 譯, 『阿毘達磨俱舍論』 卷第1(『大正藏』 29, 3, 下), "變碍故名爲色."

8) 『述記』卷第1 本(『大正藏』43, 239, 下), "法謂軌持 軌謂軌範 可生物解 持謂住持 不捨自相."

9) 眞諦 譯, 『大乘起信論』一卷(『大正藏』32, 575, 下), "所言法者 謂衆生心."

10) 『俱舍論』卷第1(『大正藏』29, 2, 中), "色者唯五根 五境及無表."

11) 『俱舍論』卷第12(『大正藏』29, 62, 上), "分析諸色 至一極微 故一極微為色極少."

12) 玄奘 譯, 『阿毘達磨大毗婆沙論』卷 第75(『大正藏』27, 390, 上), "極微── 雖無變礙而多積集 即有變礙."

13) 玄奘 譯, 『成唯識論』卷第1(『大正藏』31, 4, 中~下), "諸瑜伽師 以假想慧 於麁色相漸次除析 至不可析 假說極微 雖此極微 猶有方分 而不可析 若更析之 便似空現 不名為色 故說極微 是色邊際."

14) 『述記』卷第2 本(『大正藏』43, 273, 上), "非肉天眼境 唯餘三眼境 唯惠折之 非實有故)

15) 『大毗婆沙論』卷第75(『大正藏』27, 390, 上), "無表自體雖無變礙 而彼所依有變礙 故亦名變礙."

16) 『俱舍論』卷第4(『大正藏』29, 21, 下), "心意識體一 心心所有依 有緣有行相 相應義有五 --- 心意識 三名所詮 義雖有異而體是一."

17) 『成唯識論』卷第7(『大正藏』31, 38, 下), "心意識八種 俗故相有別."

18) 實叉難陀 譯, 『入楞伽經』卷第6「偈品」, "藏識說名心 思量以爲意 能了諸境界 是則名爲識."

19) 彌勒 說, 玄奘 譯, 『瑜伽師地論』卷第63(『大正藏』30, 651, 中), "復次此中諸識 皆名心意識 若就最勝 阿賴耶名心 末那名意 --- 餘識名識"

20) 『成唯識論』卷第5(『大正藏』31, 24, 下), "集起名心 思量名意 了別名識"

21) 『成唯識論』卷第7(『大正藏』31, 38, 下), "心意識八種 俗故相有別 真故相無別 相所相無故."[능상과 소상, 견분과 상분, 7전식과 第8식이 존재하지 않기 때문.

22) 上同, 卷第7(『大正藏』31, 39, 下), "識言總顯 一切有情 各有八識 六

註 157

位心所 所變相見分位差別 及彼空理 所顯真如 識自相故 識相應故 二所變故 三分位故 四實性故如是諸法 皆不離識 總立識名."

23) 『成唯識論』卷第2(『大正藏』31, 10, 中), "相見所依自體名事 卽自證分."
24) 佐伯定胤 校訂(日本 法隆寺, 1084), 『新導成唯識論』卷第1, "安慧論師 唯立自證分 難陀論師立相見二分 陳那論師立相分見分及自證分 護法論師更加證自證分 說四分 古人頌曰 安難陳護 一二三四." 참조.
25) 『述記』卷第1 末(『大正藏』43, 249, 中), "與身俱起 名曰俱生 後橫計生 名分別起."
26) 『大乘起信論』1卷(『大正藏』32, 577, 下), "所謂 心性常無念故 名爲不變 以不達一法界故 心不相應 忽然念起 名爲無明." 참조.
27) 『成唯識論』卷第5(『大正藏』31, 26, 中), "五識必由意識導引 俱生同境."
28) 상동, 卷第7(『大正藏』31, 37, 上), "五識身不能思慮 唯外門轉起籍多緣 故斷時多現行時少."
29) 상동, 『成唯識論』卷第7(『大正藏』31, 40, 下), "眼耳身識二界二地 鼻舌兩識一界一地 自類互作等無間緣."
30) 상동, 卷第10(『大正藏』31, 56, 下), "如來五根── 皆於五境轉故."
31) 상동, 卷第5(『大正藏』31, 26, 上), "若得自在 諸根互用 一根發識 緣一切境."
32) 상동, 卷第7(『大正藏』31, 40, 下), "無漏五識 非佛無故." 및 卷第5(『大正藏』31, 29, 上), "五識皆有作事智故." 참조.
33) 상동, 卷第7(『大正藏』31, 37, 中), "第六意識 自能思慮 內外門轉 不籍多緣 唯除五位 常能現起 故斷時少."
34) 상동, 卷第1(『大正藏』31, 1, 中), "實無外境 唯有內識 似外境生."
35) 상동, 卷第7(『大正藏』31, 39, 中), "現量證時 不執爲外 後意分別 妄生外思.
36) 『俱舍論』卷第1(『大正藏』29, 4, 中), "六識身無間滅已 能生後識故名意界 謂如此子即名餘父 又如此果即名餘種"
37) 상동, 卷第7(『大正藏』31, 37, 上), "除生無想天 及無心二定 睡眠與悶絶."

38) 상동, 卷第7(『大正藏』31, 38, 中), "此五位中異生有四 除在滅定 聖唯後三 於中如來自在菩薩 唯得存一 無睡悶故."

39) 상동, 卷第5(『大正藏』31, 26, 下), "恒依心起 與心相應 繫屬於心 故名心所 如屬我物 立我所名."

40) 상동, 卷第5(상동), "心於所緣 唯取總相 心所於彼 亦取別相 助成心事 得心所名 如畫師資作模塡彩."

41) 상동, 卷第3(『大正藏』31, 14, 上), "與一切心 恒相應故."

42) 상동, 卷第5(『大正藏』31, 28, 上), "觸等五法 心起必有 故是遍行."

43) 상동, 卷第5(『大正藏』31, 28, 上).

44) 상동, 卷第6(『大正藏』31, 30, 中), "精進三根 令心平等正直 無功用住爲性 對治掉擧 靜住爲業."

45) 상동, 卷第6(『大正藏』31, 31, 上), "十一六位中起 謂決定位有信相應 止息染時有慚愧起顧自他故 於善品位有精進三根 世間道時有輕安起 於出世道有捨不放逸 攝衆生時有不害故."

46) 상동, 卷第4(『大正藏』31, 22, 中), "常起擾濁內心 令外轉識 恒成雜染 有情由此生死輪迴不能出離 故名煩惱."

47) 상동, 卷第6(『大正藏』31, 31, 中), "此貪等六性 是根本煩惱攝故."

48) 상동, 卷第6(『大正藏』31, 32, 中), "此十煩惱 何識相應 藏識全無 末那有四 意識具十 五識唯三 謂貪瞋癡 無分別故 由稱量等起慢等故."

49) 상동, 卷第6(『大正藏』31, 33, 中), "唯是煩惱分位差別 等流性故名隨煩惱."

50) 상동, 卷第6(『大正藏』31, 33, 中), "此二十種類別有三 謂忿等十各別起故 名小隨煩惱 無慚等二遍不善故 名中隨煩惱 悼擧等八遍染心故 名大隨煩惱."

51) 상동, 卷第5(『大正藏』31, 27, 上), "於善染等 皆不定故."

52) 상동, 卷第7(『大正藏』31, 35, 下), "悔眠尋伺 於善染等 皆不定故."

53) 소승에서는 "三世實有 法體恒有"라고 하지만, 대승에서는 "過未無體 現在有體"라고 한다.

54) 상동, 卷第4(『大正藏』31, 19, 中), "阿羅漢滅定 出世道無有."

55) 『述記』卷第5 本(『大正藏』43, 405, 中), "護法等釋 三位無染義 非體亦無."

56) 상동, 卷第5(『大正藏』31, 24, 下), "藏識說名心 思量性名意 能了諸境相 是說名爲識."

57) 상동, 卷第5(『大正藏』31, 24, 下), "染汚意恒時 諸惑俱生滅 若解脫諸惑 非曾非當有."

58) 상동, 卷第5(『大正藏』31, 24, 下), "謂契經說 不共無明微細恒行 覆蔽眞實 若無此識 彼應非有."

59) 상동, 卷第5(『大正藏』31, 25, 中), "契經說 眼色爲緣生眼識 廣說乃至 意法爲緣生於意識若無此識 彼意非有."

60) 世親 造, 笈多共行矩 等 譯, 『攝大乘論釋論』卷第9)(『大正藏』31, 314, 下).

61) 상동, 卷第4(『大正藏』31, 20, 下), "第七意識 俱有所依 但有一種 謂第八識 藏識若無 定不轉故."

62) 상동, 卷第4(『大正藏』31, 20, 下), "阿賴耶識 俱有所依 亦但一種 謂第七識 彼若無 定不轉故 論說藏識 恒與末那 俱時轉故 又說藏識 恒依染汚 此卽末那."

63) 좋지 않는 말과 부드러운 말, 고통스러운 것과 즐거운 것을, 지혜 있는 사람은 스스로 (이런 것들을) 감내하는데, 마치 차돌과 같이 한다(惡言善語苦樂事 智者能忍亦如石)는 것이다.

64) 『述記』卷第5 本(『大正藏』43, 405, 中), "滅定聖道無學三位 無第七體也."

65) 상동, 『述記』卷第5 本(『大正藏』43, 405, 中), "護法等釋 三位無染義 非體亦無."

66) 상동, 『述記』卷第5 本(『大正藏』43, 405, 上), "成佛時無第七識 餘七識成佛."

67) 진여와 무명은 한 존재상의 다른 명칭이다. 마치 물과 얼음에 있어서, 얼음의 자성이물인 것과 같이, 무명의 자성은 진여인 것이다(眞如與無明 乃一法之異名 如水與氷 氷之自性爲水 無明之自性爲眞如也). 그리고 해와 같이, 밝으면 낮이고, 어두우면 밤인 것과

같다.

68) 『成唯識論』卷第3(『大正藏』31, 11, 中), "此識與幾心所相應 常與觸作意受想思相應"

69) 『述記』卷第2 末(『大正藏』43, 301, 中), "由此自相 雖有三位 以彼藏名 三位之中 初位所攝 --- 過失之重 故今偏說."

70) 『成唯識論』卷第2(『大正藏』31, 7, 下), "初能變識 大小乘教 名阿賴耶."

71) 『述記』卷第2 末(『大正藏』43, 300, 下), "此識總於大小乘教 名阿賴耶 --- 非此阿賴耶名大乘獨有."

72) 『成唯識論』卷第2(『大正藏』31, 7, 下), "此即顯示 初能變識 所有果相"

73) 상동, 卷第2(『大正藏』31, 8, 上), "此能執持 諸法種子 令不失故 名一切種 --- 此即顯示初能變識 所有因相,"

74) 상동, 卷第2(『大正藏』31, 8, 上), "謂本識中 親生自果 功能差別 此與本識 及所生果 不一不異 體用因果 理應爾故."

75) 상동, 卷第2(『大正藏』31, 8, 上), "種子雖依第八識體 而是此識相分非餘 見分恒取此爲境故."

76) 상동, 卷第1(『大正藏』31, 1, 上~中), "變謂識體 轉似二分 相見俱依自證起故 依斯二分施設我法 彼二離此 無所依故."

77) 상동, 卷第2(『大正藏』31, 8, 中), "一者本有 謂無始來 異熟識中 法爾而有 生蘊處界 功能差別."

78) 상동, 卷第2(『大正藏』31, 8, 中), "二者始起 謂無始來 數數現行 熏習而有."

79) 상동, 卷第3(『大正藏』31, 14, 上), "謂由有此第八識故 執持一切順流轉法 令諸有情 流轉生死."

80) 韓廷杰 校釋, 『成唯識論校釋』(中華書局, 1998), p.195, "三界九地是有識之宅 五趣四生是無明之報."

81) 『述記』卷第7 本(『大正藏』43, 484, 下), "情者識故."

82) 상동, 卷第2(『大正藏』31, 10, 上), "執受有二 謂諸種子及有根身."

83) 상동, 卷第2(『大正藏』31, 10, 上), "處謂處所 即器世間 是諸有情所依處故."

84) 상동, 卷第3(『大正藏』31, 13, 下~14, 上), "然第八識 總有二位 一有漏位 無記性攝 唯與觸等 五法相應 但緣前說 執受處境 二無漏位 唯善性攝 與二十一心所相應 謂遍行別境各五善十一."

85) 상동, 卷第3(『大正藏』31, 12, 上), "互相違故 謂欲希望所樂事轉 此識任運無所希望 --- 念唯明記曾習事轉 此識未劣不能明記."

86) 상동, 卷第3(『大正藏』31, 13, 上), "阿羅漢位 方究竟捨 謂諸聖者 斷諸煩惱障 究竟盡 時 名阿羅漢."

87) 『述記』卷第2 末(『大正藏』43, 301, 中), "自從無始 乃至七地二乘有學 最初捨故."

88) 玄奘 譯, 『八識規矩通說』, "부동지 이전에 비로소 장식이 버려지고, 금강도[等覺] 이후에는 이숙도 공적하다(不動地前纔捨藏 金剛道後異熟空)."

89) 보살의 8지 이상에서도 비록 듣거나 생각은 하지만, 모두가 무루법으로서 어디에 계박되는 법이 아니다(八地以上 雖有聞思 皆是無漏 非界繫法). 청정자라는 것은 8지 이상으로서, 일체의 번뇌가 활동을 하지 않기 때문이다(淸淨者 八地以上 一切煩惱 不現行故).

90) 상동, 『成唯識論』卷第3(『大正藏』31, 13, 上), "諸阿羅漢 獨覺如來 皆不成就 阿賴耶故--- 若諸菩薩 得菩提時 頓斷煩惱 及所知障 成阿羅漢 及如來故."

91) 眞諦 譯, 『轉識論』(『大正藏』31, 61, 下~62, 上), "能緣有三種 一果報識 卽是阿梨耶識 二執識 卽阿陀那識 三塵識 卽是六識 --- 依緣此識有第二執識 此識以執著爲體與四惑相應 一無明二我見三我慢四我愛 此識名有覆無記."

92) 『성유식론』卷第2(『大正藏』31, 10, 上), "然有漏識 自體生時 皆似所緣 能緣相現 彼相應法 應知亦爾 似所緣相 說名相分 似能緣相 說名見分."

93) 상동, 卷第2(『大正藏』31, 10, 上), "然有漏識 自體生時 皆似所緣能緣相現 彼相應法 應知亦爾 似所緣相 說名相分."

94) 상동, 卷第2(『大正藏』31, 10, 上), "似能緣相 說名見分."

95) 『성유식론』卷第2(『大正藏』31, 8, 上), "種子雖依 第八識體 而是此

96) 註 76) 참조.
97) 『성유식론』 卷第2(『大正藏』 31, 10, 中), "相分是所緣 見分名行相 相見所依自體名事 卽自證分."
98) 상동, 卷第2(『大正藏』 31, 10, 中), "復有第四 證自證分 此若無者 誰證第三 心分旣同 應皆證故."
99) 『성유식론관심법요』 卷第2[『卍新纂續藏經』 第51冊(2009), 326, 中, "謂見分旣須自證分以證之 則自證分 亦須證自證分 以證之也."
100) 상동, 卷第2(『大正藏』 31, 10, 中), "此四分中 前二是外 後二是內."
101) 太賢 集, 『成唯識論學記』(東國大學校 出版部, 『韓國佛敎全書』 3冊, 489, 下), "三藏云安慧唯立一自證分 火辨親勝唯立相見 此除彼三 餘師共釋 護法親光唯立四分 且依共許 陳那三分 第三分內 攝第四故."
102) 『성유식론』, 卷第8(『大正藏』 31, 45, 下), "周遍計度 故名遍計 品類衆多 說爲彼彼能遍計 虛妄分別 卽由彼彼 虛妄分別 遍計種種 所遍計物 謂所妄執 蘊處界等 若法若我 自性差別 此所妄執 自性差別 總名遍計所執自性 如是自性 都無所有."
103) 상동, 卷第8(『大正藏』 31, 46, 中), "衆緣所生 心心所體 及相見分 有漏 無漏 皆依他起 依他衆緣 而得起故 頌言分別 緣所生者 應知且說 染分依他 淨分依他 亦圓成故 或諸染淨心心所法 皆名分別 能緣慮故 是則一切 染淨依他 皆是此中 依他起攝."
104) 상동, 卷第8(『大正藏』 31, 46, 中), "二空所顯 圓滿成就 諸法實性 名圓成實 顯此遍常體非虛謬 簡自共相 虛空我等 無漏有爲 離倒究竟 勝用周遍 亦得此名 然今頌中 說初非後 此卽於彼 依他起上 常遠離前 遍計所執 二空所顯 眞如爲性."
105) 상동, 卷第8(『大正藏』 31, 46, 中), "說於彼言 顯圓成實與依他起 不卽不離 常遠離言 顯妄所執 能所取性 理恒非有."
106) 상동, 卷第8(『大正藏』 31, 46, 中), "淨分依他亦圓成故."
107) 玄奘 譯, 『解深密經』 卷第2, 「無自性品」 第5(『大正藏』 16, 694, 上), "汝應諦聽 吾當爲汝解釋 所說一切諸法 皆無自性 無生無滅 本來寂靜 自

性涅槃 所有密意 勝義生當知 我依三種無自性性密意 說言一切諸法皆無自性 所謂相無自性性 生無自性性 勝義無自性性."

108) 雲來雲去 天本靜 花開花落 樹本常.
109) 『成唯識論』 卷第9(『大正藏』 31, 48, 上), "말하자면, 이것은 처음의 변계소집성에 의거하여 상무상성을 건립한 것을 말하는데, 이러한 체상으로 인하여 필경에는 존재하지 않는 것이, 마치 공화와 같기 때문이다(謂依此初遍計所執 立相無性 由此體相 畢竟非有 如空華故)."
110) 상동, 卷第9(『大正藏』 31, 48, 上), "다음의 의타기성에 의지해서는 생무자성을 건립하는데, 이것은 幻影 자체와 같이 여러 인연에 의탁해서 일어난다. 허망하게 집착된 것과 같이 자연적으로 발생된 성품이 없기 때문에 가정적으로 무자성이라 하지만, 성품이 전혀 존재하지 않는 것은 아니다(依次依他 立生無性 此如幻事 託衆緣生 無如妄執 自然性故假說無性 非全全無)."
111) 상동, 卷第9(『大正藏』 31, 48, 上), "뒤의 원성실성에 의지해서는 승의 무자성을 건립한다. 말하자면, 바로 승의는 앞의 변계소집성의 자아와 법을 멀리 여읜 것에 의거한 자성이기 때문에 가정적으로 무자성이라 하지만, 성품이 전혀 없다는 것은 아니다. 마치 큰 허공[승의]이 비록 많은 색법[의타]에 두루 한다고 하더라도, 여러 색법의 무자성으로 드러나는 것과 같다(依後圓成實 立勝義無性 謂卽勝義 由遠離前遍計所執我法性故 假說無性非性全無 如太虛空 雖遍衆色 而是衆色 無性所顯)."
112) 『新導成唯識論』 卷第2, p.56, "이것은 바로 제7지 이전의 유루의 가행심 등이, 명칭을 반연하여 분별상을 일으킨 것이다(此卽七地以前有漏加行心等 緣名起分別相)."
113) 『成唯識論』 卷第2(『大正藏』 31, 6, 下), "契經說有虛空等 諸無爲法 略有二種 一依識變假施設有 謂曾聞說虛空等名 隨分別有虛空等相 數習力故 心等生時 似虛空等無爲相現 此所現相 前後相似 無有變易 假說爲常 二依法性 假施設有 謂空無我 所顯眞如 有無俱非 心言路絶 與一切法 非

一異等 是法眞理 故名法性."

114) 상동, 卷第10(『大正藏』31, 56, 中), "智雖非識 而依識轉 識爲主故 說轉識得 又有漏位智劣識强 無漏位中 智强識劣."

115) 상동, 卷第2(『大正藏』31, 6, 中), "무위법은 세간에서 모두가 반드시 존재한다고 알 수 있는 것도 아니고, 또한 눈, 귀 등과 같이 작용하지도 않는다. 설령 작용한다고 인정하더라도 무상한 법이어야 한다. 그러므로 무위법은 결정코 존재한다고는 할 수 없다(無爲非世 共知定有. 又無作用 如眼耳等 設許有用 應是無常 故不可執 無爲定有)."

116) 玄奘 譯, 『阿毘達磨俱舍論』卷第1(『大正藏』29, 1, 下), "허공은 단지 상애가 없는 것으로서 자성을 삼는데, 상애가 없기 때문에, 물질 가운데서 현행하는 것이다(虛空但以無礙爲性 由無障故 色於中行)."

117) 元曉 著, 『無量壽經宗要』, "중생들의 심성은 원융하고 무애하여, 크기가 허공과도 같고, 깊기가 바다와도 같다(衆生心性 融通無碍 泰若虛空 湛猶巨海)."

118) 『成唯識論』卷第2(『大正藏』31, 6, 下), "모든 장애를 여의었기 때문에 허공이라 한다(離諸障礙 故名虛空)."

119) 『阿毘達磨俱舍論』卷第1(『大正藏』29, 1, 下), "擇滅即以離繫爲性 諸有漏法 遠離繫縛證得解脫 名爲擇滅 擇謂簡擇 即慧差別 各別簡擇 四聖諦故 擇力所得滅 名爲擇滅."

120) 『成唯識論』卷第2(『大正藏』31, 6, 下), "不由擇力 本性淸淨 或緣闕所顯故 名非擇滅."

121) 『阿毘達磨俱舍論』卷第1(『大正藏』29, 1, 下), "如眼與意 專一色時 餘色聲香味觸等謝緣彼境界 五識身等 住未來世 畢竟不生."

122) 『成唯識論』卷第2(『大正藏』31, 6, 下), "苦樂受滅故 名不動."

123) 상동, 卷第2(『大正藏』31, 6, 下), "想受不行 名想受滅."

124) 상동, 卷第5(『大正藏』31, 27, 下), "得自在位 唯樂喜捨 諸佛已斷憂苦事故."

125) 상동, 卷第2(『大正藏』31, 6, 下), "此五皆依 眞如假立 眞如亦是 假

施設名."
126) 상동, 卷第9(『大正藏』31, 48, 上), "眞謂眞實 顯非虛妄 如謂如常 表無變易 謂此眞實於一切位 常如其性 故曰眞如 卽是湛然 不虛妄義."
127) 경전에, "믿음만 있고 이해함이 없으면 무명만을 키우고, 이해만 하고 믿지 않으면 삿된 견해만 키운다. 그러므로 믿음과 이해가 원만해야 비로소 수행의 근본이 되는 것이다(有信無解 增長無明 有解無信 增長邪見 信解圓通 方爲行本)."
128) 『成唯識論』卷第9(『大正藏』31, 48, 中), "何謂悟入唯識五位 一資糧位 謂修大乘順解脫分 二加行位 謂修大乘順決擇分 三通達位 謂諸菩薩所住見道 四修習位 謂諸菩薩所住修道 五究竟位 謂住無上正等菩提."
129) 상동, 卷第9(『大正藏』31, 48, 中), "謂諸菩薩於識相性 資糧位中能深信解 --- 爲趣無上正等菩提. 修習種種勝資糧故 爲有情故勤求解脫 由此亦名順解脫分."
130) 상동, 卷第9(『大正藏』31, 49, 上), "菩薩先於初無數劫 善備福德智慧資糧 順解脫分 旣圓滿已 爲入見道 住唯識性 復修加行 伏除二取 謂煖頂忍世第一法."
131) 상동, 卷第9(『大正藏』31, 48, 中), "在加行位 能漸伏除 所取能取 引發眞見."
132) 상동, 卷第9(『大正藏』31, 49, 上), "爲入見道 住唯識性 復修加行 伏除二取 謂煖頂忍世第一法."
133) 상동, 卷第9(『大正藏』31, 49, 下), "若時菩薩 於所緣境 無分別智 都無所得 不取種種戲論相故 爾時乃名實住唯識 眞勝義性 卽證眞如智 與眞如平等平等 俱離能取所取相故."
134) 상동, 卷第9(『大正藏』31, 50, 下), "菩薩從前見道起已 爲斷餘障 證得轉依 復數修習 無分別智 此智遠離所取能取 故說無得及不思議 或離戲論說爲無得 妙用難測 名不思議 是出世間無分別智 斷世間故 名出世間."
135) 상동, 卷第9(『大正藏』31, 51, 上), "謂十地中 修十勝行 斷十重障 證十眞如 二種轉依由斯證得."
136) 상동, 卷第10(『大正藏』31, 50, 下), "前修習位 所得轉依 應知卽是究

竟位相 此謂此前 二轉依果 卽是究竟無漏界攝 諸漏永盡 非漏隨增 性淨圓明 故名無漏."
137) 상동, 卷第10(『大正藏』31, 48, 中), "至究竟位 出障圓明 能盡未來 化有情類 復令悟入 唯識相性."

제3장 유식교학의 중국적 전개

1) 金東華,「中國佛敎의 唯識學說」,『佛敎學報』第7輯(東國大學校 佛敎文化硏究所 刊行), p.80.
2) 世親 造, 菩提流支 譯,『十地經論』卷第6(『大正藏』26, 170, 下), "是菩薩如是十種逆順 觀因緣集法 所謂因緣分次第故 一心所攝故 自業成故 不相捨離故 三道不斷故 觀先後際故 三 苦集故 因緣生故 因緣生滅縛故 隨順有盡觀故."
3) 상동, "復有二種異觀 一大悲隨順觀 二一切相智分別觀 大悲隨順觀者有四種 一愚癡 顚倒 二餘處求解脫 三異道求解脫 四求異解脫 一 云何餘處求解脫 是凡夫如是愚癡顚倒 常 應於阿梨耶識及阿陀那識中求解脫 乃於餘處我我所中求解脫."
4) 湛然 述,『法華玄義釋籤』卷第18(『大正藏』33, 942, 下), "陳梁已前弘地論師二處不同 相州北道計阿黎耶以爲依持 相州南道計於眞如以爲依持 此二論師俱稟天親而所計各異同於水 火."
5) 湛然 述,『法華文句記』卷第7(『大正藏』34, 285, 上), "古弘地論 相州自分南北二道 所計不同 南計法性生一切法 北計黎耶生一切法."
6) 湛然 述,『法華玄義釋籤』卷第18(『大正藏』33, 942, 下), "加復攝大乘興亦計黎耶以助北 道."
7) 平川彰 等 編, 李萬 譯,『唯識思想』(經書院, 1933), p.358.
8) 吉藏 撰,『中觀論疏』卷第7(『大正藏』42, 104, 下), "攝大乘師以八識爲妄 九識爲眞實 又云八識有二義 一妄二眞 有解性義是眞 有果報識是妄用."
9) 定賓 著,『四分律疏飾宗義記』卷第3 本.

10) 冥詳 撰,『大唐故三藏玄奘法師行狀』(『大正藏』50, 214, 下), "法師旣遍謁賢 備飡其說 詳考其理 各擅宗塗 驗之聖典 亦隱顯有異 莫知適從 乃誓遊西方 以問所惑 辨取十七地論等 以釋衆疑 卽今之瑜伽師地論也 又言昔法顯智嚴 亦一時之士 皆能求法 導利群生 吾當繼之."

11) 湛然 述,『法華玄義釋籤』卷第18(『大正藏』33, 942, 下), "舊譯卽立菴摩羅識 唐三藏譯 但立第八."

參考文獻

1. 玄奘 譯,『解深密經』
2. 玄奘 譯,『成唯識論』
3. 玄奘 譯,『瑜伽師地論』
4. 玄奘 譯,『八識規矩通說』
5. 玄奘 譯,『阿毘達磨俱舍論』
6. 玄奘 譯,『阿毘達磨大毗婆沙論』
7. 窺基 撰,『成唯識論述記』
8. 窺基 撰,『成唯識論掌中樞要』
9. 菩提流支 譯,『十地經論』
10. 笈多共行矩 等 譯,『攝大乘論釋論』
11. 眞諦 譯,『轉識論』
12. 眞諦 譯,『大乘起信論』
13. 吉藏 撰,『中觀論疏』
14. 智旭 述,『成唯識論觀心法要』
15. 湛然 述,『法華玄義釋籤』
16. 湛然 述,『法華文句記』
17. 定賓 著,『四分律疏飾宗義記』
18. 冥詳 撰,『大唐故三藏玄奘法師行狀』

19. 佐伯定胤 校訂,『新導成唯識論』

20. 韓廷杰 校釋,『成唯識論校釋』

21. 元曉 著,『無量壽經宗要』

22. 太賢 集,『成唯識論學記』

23. 平川彰 等 編, 李 萬 譯,『唯識思想』

24. 金東華 著,『唯識哲學』

25. 全觀應 譯,『唯識論解說』

26. 李 萬 著,『唯識學槪論』

지은이

이 만
- 철학 박사
- 동국대학교 명예교수

학력
- 동국대학교 불교학과 졸업
- 同 대학원 불교학과 석·박사과정 졸업

경력
- 동국대 경주 캠퍼스 불교학과 교수
  同 불교문화대학 학장
  同 불대문화대학원 원장
- 미국 캔사스주립대학교 교환교수
- 동명대학교 불교문화학과 객원교수

저서
- 『신라 태현의 유식사상 연구』(동쪽나라, 1989)
- 『유식학개론』(민족사, 1999)
- 『한국유식사상사』(장경각, 2000)
- 『불교문학과 사상』(부흥기획, 2001)
- 『신유식학개론』(경서원, 2006)

역서
- 『인식과 초월』(민족사, 1991)
  『강좌대승불교 유식사상』(경서원, 1993)
- 『성유식론 주해』(씨아이알, 2016)

논문
- 『법상관계 논소에 인용된 신라인의 찬술서』(불교학보 제27집, 1990)
- 『신라 의빈의 유식사상』(한국불교학 제17집, 1992)
- 『백제 의영의 유식사상』(한국불교학 제19집, 1994)
- 『신라의 불교의례와 발달』(불교학보 제55집, 2010)

등 60여 편

유식삼십송 해설

초판 발행 | 2025년 8월 8일

지은이 | 이 만
펴낸이 | 김성배

책임편집 | 신은미
디자인 | 백정수, 엄해정
제작 | 김문갑

펴낸곳 | 도서출판 씨아이알
출판등록 | 제2-3285호(2001년 3월 19일)
주소 | (04626) 서울특별시 중구 필동로8길 43(예장동 1-151)
전화 | (02) 2275-8603(내표) **팩스** | (02) 2265-9394
홈페이지 | www.circom.co.kr

ISBN 979-11-6856-344-5 (93220)

* 책값은 뒤표지에 있습니다.
* 파본은 구입처에서 교환해드리며, 관련 법령에 따라 환불해드립니다.
* 이 책의 내용을 저작권자의 허가 없이 무단 전재하거나 복제할 경우 저작권법에 의해 처벌받을 수 있습니다.